高等学校公共管理类专业主干课程教材
中国地质大学（武汉）研究生精品教材建设项目资助

社会组织管理
SHEHUI ZUZHI GUANLI

主　编　罗　辉

副主编　王　忠　肖华蓉

图书在版编目（CIP）数据

社会组织管理/罗辉主编. —武汉：中国地质大学出版社，2022.1
ISBN 978-7-5625-5145-4

Ⅰ. 社…
Ⅱ. ①罗…
Ⅲ. ①社会组织管理
Ⅳ. ①C916.1

中国版本图书馆 CIP 数据核字（2021）第 221012 号

社会组织管理	主　编　罗　辉	
	副主编　王　忠　肖华蓉	

责任编辑：张玉洁	选题策划：阎　娟　张玉洁	责任校对：何澍语

出版发行：中国地质大学出版社（武汉市洪山区鲁磨路388号）　邮政编码：430074
电　　话：(027)67883511　　传　　真：(027)67883580　E-mail：cbb@cug.edu.cn
经　　销：全国新华书店　　　　　　　　　　　　　　　http://cugp.cug.edu.cn

开本：787mm×960mm 1/16	字数：211千字　印张：12.5
版次：2022年1月第1版	印次：2022年1月第1次印刷
印刷：湖北睿智印务有限公司	
ISBN 978-7-5625-5145-4	定价：52.00元

如有印装质量问题请与印刷厂联系调换

前言

　　社会组织自20世纪70年代开始引起社会广泛关注，演变出全球性的"社团革命"。当然，在不同语境中，社会组织并不是相同意思的概念：它们或表现为政治学意义上的非政府组织，或表现为社会学意义上的民间组织，或表现为政治社会学意义上的第三部门，或表现为经济学意义上的互助组织，或表现为伦理学意义上的慈善组织。这种情况的发生，一是因为社会组织在现实中太过庞杂而且缺乏系统的社会组织理论；二是各种学科都已经在各自的领域开展了针对这些组织的相关性研究；三是研究者往往根据研究目的选择特定社会组织对象以及参照对象。可以说，对社会组织的研究过程就是概念和术语的建立过程。

　　人们开始聚焦社会组织的理论背景有两个：一是17世纪开始的自由主义市场经济理论，在现实生活中表现为各种社会组织不同程度地运用市场手段进行自我控制和调节；二是20世纪初开始并于20世纪中叶盛行的"国家主义"，其突出的表现是国家不同程度地干预社会生活以实现整体利益。这实际上是市场中心与国家中心的两条路径，前者强调个体选择而形成的自发秩序，后者强调集体选择而形成的控制秩序。为了调和两者的矛盾，人们开始回归到社会的起源，思考在经济合作和政治合作之外，人们是否可以通过非经济的、非强制的手段来实现一定程度上的秩序，这种秩序从本质上来说，并不会扰乱市场和国家的现存秩序，而成为现存秩序的有益补充。

促使社会组织参与社会治理的直接原因,是政治和经济社会实践的推动。政治上源于东欧、苏联等地区或国家的社会转型及西方公民社会的传统。冷战结束后,国家的保护性职能衰退,社会管理职能凸显出来,国家是否是社会管理职能的唯一承担者成为讨论的焦点问题,各国的政府职能都不同程度地出现了由外部职能向内部职能的重心转移。经济上则源于福利国家的危机及社会对其经营性活动的规制过程。福利制度导致公共财政支出困难,社会组织的经营性活动越来越普遍,营利活动的征税问题使碎片化的社会组织作为一个整体引发关注,产生了对社会组织进行分类管理的要求。

我们认为,对任何组织的研究都需要回到组织的起源问题上。组织是人类合作的结果,不同组织因为不同的交换方式而形成各自的属性。政府组织是强制性公共权力交换的结果,营利组织是自发的经济价值交换的结果,社会组织是自发的非经济价值交换的结果。社会组织的独特性反映在以非营利为宗旨的公益或者互益服务上,这种行为的本质也是合作交换行为,只不过不是经济价值的交换,而是非经济价值的交换。社会组织研究最重要的基础理论是人类合作行为的一般理论以及交换行为理论。通过合作理论,可以深入分析社会组织是如何从个人发展到组织,以及怎样与政府、企业形成良性互动关系;通过交换理论,可以深入分析社会组织的不同形态,合理解释慈善行为、志愿行为、互助行为的运作机理。

本书是笔者多年从事社会组织研究成果的一个精要概况,旨在为对这一研究领域有兴趣的读者提供一个研究框架和思路,以推动学术交流与繁荣,促进社会组织管理研究的进一步发展。本书先辨析了社会组织的基本概念,介绍了社会组织的发展状况,接着从方法论的角度讨论了人类的合作行为并将之作为交换行为分析的前提和依据,随后讨论了社会组织的职能及其性质,然后是社会组织战略与营销管理、志愿者管理以及税务管理,最后对社会组织的未来发展作出展望。

在形式上，本书不再拘泥于简单的文字描述，而将图、表与文字相结合，力求做到图文并茂；值得一提的是，本书引入了阅读二维码，读者只要扫一扫，就可以获得与书中内容相关的拓展知识，这些拓展内容涉及哲学、政治学、社会学、经济学、伦理学等多角度、多学科的知识点，而不是从单一的理论出发。这样一来，一是能够使内容更加精炼、主要框架更加突出，二是希望通过这种线下阅读、线上拓展的形式，激发读者的阅读兴趣。

在体系上，每章都安排有案例的引入。案例内容与本章知识紧密联系，并在最后提出疑问，期待读者带着这些问题进一步阅读与学习，并在此过程中发现问题的答案。另外，读者也可以很容易地在现实中遇到类似的问题，这些问题涉及人性、行为策略、价值观、社会以及国家，我们仅仅提供了力所能及的思考途径，真实的答案也许需要通过进一步的领悟来获得。

罗 辉

2021 年 6 月于南望山庄

目 录

第一章 社会组织简介 (1)
    第一节 什么是社会组织？ (1)
    第二节 社会组织是如何产生发展的？ (10)

第二章 社会组织的利他性 (24)
    第一节 人类互动与互动规则 (25)
    第二节 利他行为为什么是可能的且持续的？ (31)
    第三节 从个人合作到集体合作 (43)
    第四节 社会组织真的"大公无私"吗？ (47)

第三章 社会组织如何发挥作用？ (50)
    第一节 社会组织职能的产生与界定 (50)
    第二节 社会组织职能的转变 (58)
    第三节 社会组织职能的实现 (61)

第四章 社会组织的性质：为官？为民？ (69)
    第一节 制度设计与历史环境的契合 (69)
    第二节 中国社会组织的管理体制 (78)
    第三节 中国社会组织的典型特征 (83)

第五章 社会组织战略管理与营销 (90)
    第一节 社会组织的战略管理 (91)
    第二节 社会组织如何营销？ (103)
    第三节 钱从哪里来：社会组织的筹资管理 (110)
    第四节 为什么社会组织需要专业化？ (117)

第六章　社会组织的志愿者管理……………………………………(122)
第一节　什么是志愿者？…………………………………………(124)
第二节　志愿者管理流程…………………………………………(130)

第七章　社会组织的税务管理………………………………………(142)
第一节　我国社会组织税收优惠制度……………………………(142)
第二节　国外非营利组织税收优惠制度…………………………(152)
第三节　我国社会组织免税政策发展及其完善…………………(156)

第八章　社会组织未来向何而去……………………………………(164)
第一节　多元主义视角下美国非营利组织的发展………………(165)
第二节　法团主义视角下中国社会组织的发展…………………(171)
第三节　国际非营利组织的历史发展与未来展望………………(180)

主要参考文献……………………………………………………………(188)
后　记……………………………………………………………………(192)

第一章 社会组织简介

第一节 什么是社会组织？

在美国，人们所熟知的哈佛大学、耶鲁大学是世界上享有盛誉的私立研究型大学，也是可以从联邦和州政府的机构研究和发展经费中获得资助的私立非营利大学。尽管数据显示，哈佛大学2019—2020年度的本科生学杂费高达51 925美元，耶鲁大学更是高达55 500美元，却仍然无法改变其非营利组织的性质。面对如此高昂的学费，人们不禁疑惑，到底什么样的组织可以被定义为"非营利"呢？

而在中国，著名的高等学府清华大学与北京大学是教育部直属的副部级事业单位，是我国顶尖的公立大学。除此之外，诸如武汉东湖学院之类的民办大学则属于我国社会服务机构。它们都相当于国外的非营利组织，但是事业单位一般被排除在我国的社会组织之外。同是高等学府，我国社会组织与国外的非营利组织有何差别？我国的社会组织又包含哪些类型呢？

2006年10月11日，《中国共产党第十六届中央委员会第六次全体会议公报》中第一次出现"社会组织"的表述。在此之前，与之相对应的概念是"民间组织"。1998年，我国民政部成立了民间组织管理局，随后我国官方与学术界开始使用"民间组织"这一概念。2007年11月，在全国社会组织建设和管理工作经验交流会议上，民政部正式使用"社会组织"这一概念，"民间组织"的提法随之淡出。目前，针对社会组织的概念，我国尚未形成统一且权威的定义。

一、不同的定义

我国的社会组织基本类同于西方的非营利组织（non-profit organization，简称NPO）。非营利组织作为一种组织形态，在人类历史的早期就已经存在，但作为一种在20世纪后半期发挥重要作用的社会政治现象，它有着自己独特的内涵和指向。从不同的角度可以对NPO作不同的界定，具体如下。

（一）从财务管理上定义

1. 资金来源

联合国国民收入统计系统规定：收入主要不是来自以市场价格出售的商品和服务，而是来自其成员缴纳的会费和社会捐款的社会组织，即视为NPO。

2. 禁止分配限制

根据美国会计学会（American Accounting Association，简称AAA）对"非营利"的定义，一个非营利组织应同时具备下述四个条件：①无营利的动机；②无个人拥有组织的权益股份或所有权；③组织的权益或所有权不得任意出售或交换；④通常不可以任何方式给予资金捐助者或赞助人财务上的受益。这就是"禁止分配限制"。

3. 免税

非营利组织享有的税收优惠主要是所得税和财产税减免、捐赠者的税收抵扣资格等。非营利组织需要交纳的是"无关活动收入税"，即由非公益活动产生的收入仍需纳税，比如非营利学校的学杂费、公共科研经费是免税的，但是横向科研经费、校舍出租费、投资等就需要与营利性组织一样交税。

（二）从组织特征上定义

1. 排他角度

在学术界有一种被广泛认可的看法，即非营利组织是政府和企业之外所有社会组织的统称，如果一个组织既不是政府组织也不是企业组织，那么就可以归纳为非营利组织。政府组织可以称为第一部门，企业组织称为第二部门，非营利组织可以称为第三部门。

2. 目的功能

如果某机构成立的目的是促进"公众利益"或"特定公益事业"，就可视其为NPO。这是一种比较抽象的界定，各国法律均规定非营利组织是指不以营利为目的，并且其收入不得用于分发给成员的社会组织。

3. 性质

美国约翰·霍普金斯大学研究非营利组织的专家莱斯特·M.萨拉蒙教授指出，凡是满足组织性（formal）、民间性（non-governmental）、非营利性（non-profit distributing）、自治性（self-governing）和志愿性（voluntary）这五个条件的组织就算是 NPO。组织性，即有一定的组织机构，是根据国家法律注册的独立法人；民间性，即非营利组织在组织机构上独立于政府，既不是政府机构的一部分，也不是由政府官员来主导；非营利性，即非营利组织可以盈利，但所得利润必须用于组织使命所规定的工作，而不能在组织的所有者和经营者中进行分配；自治性，即非营利组织有不受外部控制的内部管理程序，自己管理自己的活动；志愿性，即在组织的活动和管理中都有相当程度的志愿参与，特别是形成由志愿者组成的董事会并且广泛使用志愿人员。

二、社会组织的界定

（一）学术意义上的社会组织

学术意义上，我们通常将社会组织类同于西方的非营利组织，可以通过理解非营利组织的定义来理解社会组织。我们将非营利组织界定为：不以营利为目的、主要开展各种志愿性的公益或互益活动的非政府的组织。这个定义的核心意思有以下几层：第一，非营利组织不以营利为目的，所获收益不能用于投资收益进行分配，换句话说，其产权是模糊产权并且不具有收益权；第二，它是以志愿机制提供服务，而不是通过强制方式，这就区别于政府；第三，非营利组织从事公益或互益活动，提供的是公共产品而不是私人产品，这就区别于企业。

但是学界在研究社会组织或非营利组织问题时，仍然面临着基本概念存在巨大差异的困难，这不禁向我们提出一个尖锐的问题：如果学者们开展研究时，在基本概念上都难以达成一致，那么诸如此类的讨论是否不过是盲人摸象，只是在各自的天地里进行自我理解式的直觉观照？

从字义上讲，非营利组织作为一个概念确有其含混之处，它以相关性表述指代着一个包容性极大的组织空间；但学界在使用这一概念时，除强调其与政府和企业的相对关系以外，又暗含着一些特定的判断，因而使得这一概念在研究中具有了可操作性。这些判断基本上是针对非营利组织的某一方面组织功能或特征而言的，因而在不同的研究者那里，非营利组织概念又与另一些相关概念形成了连带性和替代性的关系。

按性质划分，如果强调与政府和企业的差异，非营利组织就是"第三部门""社团组织""中介组织""社会中间层"；如果强调与国家或政府组织的差异，非营利组织就是"非政府组织""民间组织""公民社会组织"或"市民社会组织"；如果强调与经济组织的差异，非营利组织就是"免税组织""独立部门"；如果强调组织的某种功能或属性，非营利组织就是"公益组织""慈善组织""行业组织""志愿者组织""类行政组织""准单位组织"。

按类型划分，非营利组织根据组织成员分布的状况，可以分为地方性、全国性和跨国性组织；根据组织结构和层级安排的取向，可以分为离散型的草根组织（仅有共同的名称或协调的活动而无严密的组织）或是集中型的全国组织（自上至下有完整的组织系统和组织机构）；根据产生方式，可以划分为自上而下型和自下而上型组织；根据收入的来源和途径，可以划分为捐赠型和运作型组织；根据服务对象的范围，可以划分为公益型和互益型组织。

我们可以这样使用上述概念：在抽象层面分析中对这些概念不作区分，交换使用并不影响意思的表达；而在实体分析中谨慎地使用合适的概念，以匹配相应的语境。

（二）实践意义上的社会组织

我国还不存在完全符合西方标准的社会组织。按照我国关于社会组织的官方划分，一般认为我国社会组织包括社会团体、基金会和社会服务机构三种类型，此外在实践中也包括城市社区社会组织、基层群众性自治组织等。传统的事业单位因有较多争议而作为独立的研究对象。

1. 社会团体

根据《社会团体登记管理条例》，社会团体是指"中国公民自愿组成，为实现会员共同意愿，按照其章程开展活动的非营利性社会组织"。按照社会团体的性质和任务可以将社会团体划分为学术性社会团体、联合性社会团体、行业性社会团体和专业性社会团体四类。

2. 基金会

根据《基金会管理条例》，基金会是指"利用自然人、法人或者其他组织捐赠的财产，以从事公益事业为目的，按照本条例的规定成立的非营利性法人"。《基金会管理条例》第三条将基金会划分为面向公众募捐的基金会（以下简称公募基金会）和不得面向公众募捐的基金会。公募基金会按照募捐的地域范围，分为全国性公募基金会和地方性公募基金会。为与《中华人民共和国慈善法》（以下简称《慈善法》）相衔接，2016年发布的《基金会管理条例（修订草案征求意见稿）》将基金会定义调整为"利用自然人、法人或者其他组织捐赠的财产，以开展公益慈善活动为目的，按照本条例的规定成立的非营利性法人"。

3. 社会服务机构

根据《民办非企业单位登记管理暂行条例》，民办非企业单位是指"企业事业单位、社会团体和其他社会力量以及公民个人利用非国有资产举办的，从事非营利性社会服务活动的社会组织"。按照实体类型，它可划分为法人型民办非企业单位、个体型民办非企业单位与合伙型民办非企业单位；按照行政事业类别，可划分为教育事业、卫生事业、文化事业、科技事业、体育事业、劳动事业、民政事业、社会中介服务业、法律服务业和其他民办事业共十类。2016年，随着《慈善法》出台，民政部拟对上述条例进行修订。在《社会服务机构登记管理条例》（《民办非企业单位登记管理暂行条例》修订草案征求意见稿）中，"民办非企业单位"名称被改为"社会服务机构"，以与《慈善法》的表述相衔接。根据此条例，社会服务机构是指"自然人、法人或者其他组织为了提供社会服务，主要利用非国有资产设立的非营利性法人"。

4. 城市社区社会组织

随着城市基层社会治理创新实践的广泛开展，社区社会组织的地位越来越重要。夏建中等（2012）认为：社区社会组织主要是指以社区为活动范围，以社区居民为成员或服务对象，以满足社区居民的不同需求为目的而成立的各种社团类组织和民办非企业。陈洪涛等（2009）将社区社会组织定义为由社区组织或个人在社区范围内单独或联合举办的、在社区范围内开展活动的、满足社区居民不同需求的社会自发组织,并将其分为社区福利组织、社区文体组织、社区居民权益维护组织、志愿活动组织、为配合政府社会事务工作的组织、为社区居民提供服务的组织六类。

5. 基层群众性自治组织

这一概念首先出现于1982年《中华人民共和国宪法》(以下简称《宪法》)。《宪法》第一百一十一条规定:"城市和农村按居民居住地区设立的居民委员会或者村民委员会是基层群众性自治组织。"根据《宪法》《中华人民共和国村民委员会组织法》和《中华人民共和国城市居民委员会组织法》的规定,以及现行《宪法》实施以来我国城乡基层社会组织建设的实际情况,基层群众性自治组织指的是依照有关法律规定,以城乡居民(村民)一定的居住地为纽带和范围设立,并由居民(村民)选举产生的成员组成的,实行自我管理、自我教育、自我服务的社会组织。基层群众性自治组织具有群众性、自治性与基层性的特点。

三、纷繁的术语

通常情况下,我们习惯于将红十字国际委员会这种跨国组织称作非政府组织;考虑到红十字会的宗旨与职能时,我们又可以将它称为慈善机构;而在我国,红十字会则是在民政部门登记的社会团体。同样是红十字会,为什么会有如此多的称谓呢?在实践中可以发现,在不同的语境、国家与时代背景下,对同一个组织使用的概念并不相同。学者们也经常使用不同概念来突出研究的理论基础和视角,例如非政府组织、第三部门、慈善组织、免税组织等。因此,有必要重点介绍几个相近概念的含义并辨析其与社会组织的区别,以帮助我们深入理解社会组织的相关研究成果。

(一)非政府组织

从字面上讲,"非政府组织(non-governmental organization,简称NGO)"这个提法很容易让人误解,因为所有私营机构,包括活跃在市场经济里的千千万万个私营企业都是非政府组织。但是,用这个词的人无意将其外延扩展得那么宽。"非政府组织"现多用于有关第三世界国家的文献,但其含义已经历了几次大的变化。最初它专指受国际联盟①或联合国承认的国际性非政府组织,后来,发达国家里以促进第三世界发展为目的的组织也被包括进来,现在它主要用来描述发展中国家里以促进经济、社会发展为己任的组织。世界银行把任何目的是援贫济困、维护穷人利益、保护环境、提供基本社会服务或促进社区发展的民间组织,都称为非政府组织。

"非政府组织"是比"社会组织"窄得多的概念,前者只是后者的一小部分。萨拉蒙在分析非政府组织的时候,在非营利组织的五个特征之外另加两个特征——非政治性和非宗教性,非政治性指不卷入推举公职候选人,非宗教性指活动不是为了吸引新信徒。

我们现在使用这个词汇的时候一般指活跃在国际舞台的非营利组织,比如联合国组织、绿色和平组织等。当然在国内视野上我们也将一些改革开放后不在单位统属下的社会组织,以及本身不符合注册条件的非法社会组织称为非政府组织,学术上将其引向与政府具有对抗倾向的社会组织,使得非政府组织在某些场域带有贬义。

(二) 第三部门

按照社会活动的三大领域,可将社会划分为三个部门:在政治领域活动的是政府部门,为第一部门;在经济领域活动的是营利组织,为第二部门;在社会领域活动的是非政府和非营利组织,为第三部门,它在自愿的基础上进行公益活动,不以营利为目的。

"第三部门"(the third sector)这个概念是由美国学者列维特最先使用的。以前人们往往把社会组织一分为二,非私即公,非公即私。列维特认为这种划分太粗陋,忽略了一大批处于政府与私营企业之间的社会组织。它们所从事的是政府和私营企业"不愿做,做不好,或不常做"的事。列维特将非公非私的、既不是国家机构也不是私营企业的第三类组织称为"第三部门",此后这个概念在美国学术界被频繁使用。

第三部门的特征是其组织的公共使命,这类组织表现出社会责任感,能持续更新社会价值和道德取向,并能开发新的社会服务方式来满足民众需

---

① 国际联盟,简称国联,是《凡尔赛条约》签订后成立的国际组织,第二次世界大战结束后被联合国取代,联合国成为当代最大的主权国家组织,国际联盟档案全部移交给联合国。

求。第三部门更多意义上是现代和后现代的概念,对应于近代的"民族国家"以及资本主义时代的"私营经济"。第三部门概念的使用更突出在政府和私人部门之外存在的领域。

(三) 慈善组织

慈善组织是众多社会组织中的一类,它主要从资金来源与用途方面界定。根据美国税法501(c)(3)条款,慈善组织可以分为公共慈善机构和私人基金会两类,二者最大的区别是资金的来源不同,因此二者适用于不同的税收规则。对私人基金会捐赠的税收扣除比例低于公共慈善机构,私人基金会本身的税收也要多于公共慈善机构。

1. 公共慈善机构

公共慈善机构的主要收入来自公众、会员或政府,可以面向公众筹款。在美国税法501(c)(3)条款中,以下组织被归类为公共慈善机构:教堂、学校、医院、医疗研究机构、接受来自公众的实质性支持的组织、1/3的捐赠收入是来自捐款或会费的组织(来自投资和无关商业的收入不超过1/3)、支持其他公共慈善机构的组织。

为了持续保持公共慈善机构资格,以上组织应至少有1/3的捐赠收入来自公共支持,包括个人、公司或其他公共慈善机构。个人向公共慈善机构的捐赠可以进行税收抵扣,最高额度不超过捐赠者收入的50%,公司的最高额度是10%。此外,公共慈善机构应有一个由无关系个人组成的管理机构。

2. 私人基金会

私人基金会,也被称为非运营基金会,是因为它通常不开展项目活动。它的收入来源比较固定和单一,例如来自一个公司或家族。私人基金会是非营利组织,它的资金通常不直接用在自己的慈善项目上,而是提供给公共慈善机构来支持它们开展工作。个人向私人基金会的捐赠可以进行税收抵扣,上限是捐赠者个人收入的30%。私人基金会中大多数是家族基金会。

私人基金会中有一类数量比较少的基金会——私人运营基金会。它们通常不会向公众募集资金,并与私人基金会有相同的治理结构。但私人运营基金会将大部分收入用于运作自己的慈善项目,一般不把募集的资金提供给其他组织来做慈善项目。私人运营基金会在捐赠的税收抵扣方面的优惠类似于公共慈善机构。

我国2016年通过的《慈善法》第八条指出："本法所称慈善组织,是指依法成立、符合本法规定,以面向社会开展慈善活动为宗旨的非营利性组织。慈善组织可以采取基金会、社会团体、社会服务机构等组织形式。"因此,我国的慈善组织是社会组织的一种特殊形式,是社会组织中的一部分。

（四）免税组织

"免税组织"强调的是不少国家的税法给予这些组织的免税待遇。但是,到底哪些组织可以免税,不同国家有不同的规定。在美国,几乎所有非营利组织都可依据税法GRE条款享受免税待遇。但在日本,并不存在这样统一的税法规定。换句话说,在甲国享受免税待遇的那些组织不一定能在乙国享受同样的免税待遇。这样一来,拿甲国享受免税待遇的组织与乙国享受免税待遇的组织作比较就没有多大意义。免税组织更强调社会组织的免税资格,但是可以获得免税资格的组织不仅仅限于社会组织。我国财税〔2018〕13号文件规定,依照国家有关法律法规设立或

拓展知识
免税组织
相近概念辨析

登记的事业单位、社会团体、基金会、社会服务机构、宗教活动场所、宗教院校以及财政部、税务总局认定的其他非营利组织,只要同时符合八个条件,并经过认定,就可以获得免税资格。因此社会组织属于免税组织的一种类型。

四、中国社会组织与国外非营利组织有何不同

我国的社会组织在内涵上与国外的非营利组织在实际分析中有所差别。按照美国学者萨拉蒙提出的,西方的非营利组织具有组织性、民间性、非营利性、自治性和志愿性五个核心特征,其中民间性、自治性、志愿性特征与我国社会组织的情况有一定出入。我国社会组织具有很强的官方色彩,双重管理体制使得我国大量社会组织还受到业务主管部门的管理,社会组织的成员有一部分是政府单位的离退休人员,因此按照上述五个特征进行描述很难找到完全契合的组织类型,需要在具体研究中对我国社会组织进行具体分析。

我国社会组织的概念在外延上要小于国外的非营利组织。由于历史原

因，国内诸如清华、北大之类的公立大学并不属于社会组织，而属于利用国有资产举办的事业单位范畴。但是诸如武汉东湖学院之类的民办非营利高校，与国外的私立非营利大学更有可比性。我国社会组织与国外非营利组织的构成，都同样包含社会团体、基金会与社会服务机构，但是不同的是，在狭义上我国的社会组织是将事业单位排除在外的，而西方视野中的非营利组织是应该包括我国的事业单位的，从这一点上讲，我国的社会组织的概念相较于国外非营利组织的概念，范围要略小一些。

需要明确的是，收取高昂学费的哈佛大学或耶鲁大学依然是非营利组织。在哈佛大学高达51 925美元的学杂费中，除去学费还包括住宿费、餐费、健康服务费、学生服务费、学生奖学金等，其高昂的学费是与优质的教育服务、生活服务乃至健康服务相匹配的。其中的学费盈余会不断地滚动到学校的发展当中，没有人从中获得股权收益。

此外，一些非营利组织还会从事一些与主营业务无关的活动且收取费用，故给人以营利的错觉。例如公共图书馆会进行商品售卖，高校也会开展图书出版与售卖业务，这些非营利组织跨界经营的行为常常遭受人们的质疑。但是这种经营行为又与市场主体的经营行为不同，它是为了促进组织更好地发展所采取的一种筹资方式，其经营所得是不能够进行分配的。政策上，对于这些组织从事的市场经营活动并不倡导，如果社会组织出于某些需要或战略安排一定要进行经营活动，则要按照企业主体的要求对它们征收税费。美国采取的做法是将非营利组织的商业活动分为相关商业活动与无关商业活动，对于前者实行一定的税收减免，对于后者则按照对企业的征税方式收取税费。在我国，社会组织从事营利活动所获得的收入都将被征收企业所得税。

第二节　社会组织是如何产生发展的？

2019年12月31日，武汉市卫生健康委员会公开通报了一种不明原因的肺炎情况："目前已发现27例病例，其中7例病情严重。"2020年1月23日，武汉这样一个超千万人口的现代化大都市关闭离汉通道！

新冠肺炎疫情的凶险程度，超出所有人的预料。武汉同济医院发热门诊病人从日均四五十人，最高峰一下陡增至上千人。金银潭医院的ICU里，躺满了呼吸衰竭的重症病人。由于患者激增，试剂盒短缺，很多疑似患者无法接受核酸检测。医院确诊不了，回家又怕传染家人，四处奔走、备受煎熬的他们，成为巨大的流动传染源。2月2日武汉累计确诊5142例，2月3日累计确诊6384例，2月4日累计确诊8351例，2月10日累计确诊18 454例……病例增长的曲线近乎一条竖线。

与此同时，口罩、酒精等防疫物品和蔬菜、鸡蛋等生活必需品的价格陡涨，一时间"食玉炊桂"。然而，即便愿意支付高价，也不一定能"抢"到。

面临这样的状况，生活、健康问题应该靠谁？我们看到，如此混乱的情况并没有带来"世界末日"，而是出现了这样的互动：社区大姐变身"代购姐"，帮居民买菜送菜；小区楼下的超市义务为居民送货……

这种邻里之间的互助逐渐变成了社区组织起来的"团队"，他们承担起了出入口值守、体温监测、宣传引导、公共区域消杀等工作，并提供生活服务，组建生活物资保供专班（工作队），统计居民需求，主动对接商超，提供买米买菜、上门送药等服务，同时引导和组织居民团购、代购、代送，设立集中提货点和无接触快递点等。

这种互助的行为因何会逐渐组织化、规模化，进而变成社区组织起来的社会组织呢？社会中的社会组织又是如何产生发展起来的呢？

（部分材料引自新华社《中国抗击新冠肺炎疫情全纪实：同舟共济战"疫"记》）

一、社会组织如何产生

国家是阶级斗争的产物，市场是人们商品交换行为发展到一定阶段的产物，同样，社会组织也不是凭空产生的，而是基于社会现实的需要才出现。我们看到，新冠肺炎疫情的突然暴发使原有的社会治理体系中政府力量和市场力量相继失效，社会管理呈现短暂性的失序状态。此时，出现了居民之间的自助和互助行为，之后逐渐规模化、组织化，形成了社区社会组织，它发挥了某些社会管理的功能。

对于社会治理来说，形成社会秩序的方式一般有两种，一种是靠国家的公共权力（即政府治理）来获得秩序，另一种是市场通过经济规律自发调节经济的运行,进而获得在社会治理中的重要地位。政治学中关于国家的理论和经济学中关于市场的讨论,肯定了政府与市场对社会治理的重要作用。在这一前提下,社会可以通过政府与市场的作用形成一定的秩序,但由于政府自身存在道德风险、约束风险和公共物品提供的限制,市场也无法解决经济外部性等问题,因此可能面临"政府失灵"和"市场失灵"同时出现的情况,这时就需要寻找替选方案来维护社会稳定。从案例中我们可以看出,现代意义上,社会组织的产生是对政府治理、市场运行失效的替代性反应。

拓展知识
市场失灵与政府失灵理论

那么,社会组织如何起到这种"替选方案"的作用呢?

我们以案例中武汉新冠肺炎疫情为例,当市场失灵时,在政府宏观调控价格、稳定市场秩序的前提下,根据自愿性,许多一次性口罩、手套等生产企业提前复工复产,他们将所生产出的口罩低价出售或直接捐赠;居民在"买菜群"中接龙买菜,菜价并没有按照市场的经济规律大幅上涨,而始终保持惠民价格,这些都是社会组织在发挥替代性作用。当政府失灵时,也就是在疫情暴发初期医疗物资短缺、医疗秩序混乱的情况下,社会组织除了提供防护服、医用外科口罩等医疗用品,更多的是组织公众有序就医,从微观层面上助力社会秩序的恢复。

国际上"第三部门"的提法是在"政府—市场—社会"的"三部门"模式下提出的,实际上是把社会组织看作与政府、市场相对等的制度形态。这一界定是在西方公、私领域充分发育,二者界限清晰划分的情况下,将政府、市场和二者之间的社会组织看作制度空间中解决公共事务的可能形态。

20世纪60年代以来,英、美等一些后现代国家发生了一场范围广泛的所谓"结社革命",即"第三部门"运动。这一时期,成千上万的"第三部门"组织出现在上述这些国家,涉及环保、医疗、宗教、慈善、教育等领域。作为一种社会结构,"第三部门"实际上是人们早期寻求互助的公共集合体,但是人类社会在创造了高度发达的政治共同体的今天,却回过头来倾心于原始的交往形式,以至于逐步地将政府的部分权力转移到"第三部门",让"第三部门"中的社会组织代行政府的职能,从而带来了政府职能弱化的结果。

与"全球性结社热潮"相对应的是"市民社会思潮",社会组织的发展为市民社会理论提供了实证研究的对象和理论校验的素材，市民社会理论的发展也为观察和理解社会组织提供了学术视角和思辨知识。在这样的互动过程中，社会组织获得了理论上的合法性论证，因而在实践中更具有发展的冲力，市民社会理论也获得了经验上的普适性支持。

市民社会论者大都将具有志愿性、中介性的社会组织看作是市民社会的核心结构要素。这些组织既为公民参与公共事务提供了必要的准备和训练、必需的机会和手段，同时也为公民自治和自我管理提供了必要的基础和条件、必需的组织和形式。正是通过社会组织，市民社会获得了相对于国家的独立性和自主权，进而成为抵御国家权力和职能过分扩张、防止商业市场系统过分侵蚀的根本保障，成为民主政治的牢固基石。

西方非营利组织的产生既有历史原因也是现实需要，西方关于社会结构的理解范式是国家社会二元结构，其渊源最早可以追溯到中世纪社会观以及相关政治安排的特征中。

（一）历史溯源

不同于希腊和罗马文明认为的"社会的认同由它的政治组成来界定"，中世纪早期发展出这样一种"社会"观念：政治权威只是各种权威类型中的一种。这种认为社会并不等同于其政治组织的观点，是后来市民社会概念的来源之一，也是西方自由主义的根基之一。根据基督教的理解，世界上存在两种权力，一种是世俗权力，另一种是精神权力，西方基督教世界就其本质上来说是双重中心的。它消解了政治权威的唯一性，为后来社会权力观念的形成提供了契机。中世纪的主权者所面对的是某种程度上根据权利义务加以界定的社会，而这些权利和义务的存在使得主权者必须为重大的变革赢得必要的同意。这正是西方"主体权利"观念的渊源，"主体权利"观念直到17世纪左右才被"自然权利"学说替代。

随着生产力水平的提高，更多的行业脱离乡村集中到城市，这刺激了商业和贸易的繁荣。城市居民逐渐摆脱了对土地的依赖，固定于土地上的人身依附关系也随之消失，他们开始谋求从管理他们的领主或国王那里得到一种特权证书来保障一些权利。1540年左右，英国国王亨利八世在六个拥有主教座堂的市镇建立教区,为其颁发特许状,使之成为自治市。城市的自治不是政治性的,而是法律性的。西欧封建主义政治结构的主要特征是领主和附庸间的私人契约取代了国家的公共法律,公共权利沦为私下义务,西欧封建国家的领土界限极为模糊,各国君主不仅对内无法实行统一的管理,对外也不能以主权者的身份进行平等的交往,君主的统治是在等级主体断断续续、不确定的支持下展开的。需要注意的是,国家社会二元结构的观念之后又经历了君主专制主义的挑战。专制体制被看作军事上强大有效的国家的理想模式,然而,"服从的契约"仍被视为绝对的权力,从而社会便丧失了对抗该权力的合法资源。与此同时,教会的地位在众多新教国家里正趋于衰微,基督教世界本身的分裂也动摇了其精神社会的独立性。阻止这些发展的是下述事实,即原本较为弱小的国家先在经济上而后在军事上获得了成功。

(二) 现实需求

在现实需求上,西方各国已经经历了数百年的资本主义历程,经济生活得到了较大程度上的发展,市场发育逐渐成熟,在黑格尔时代"国家"与"社会"分离的基础上,"社会"领域中的经济生产部门又分离出来,从而形成"政府—市场—社会"的三分模式。这种三元社会结构是现代社会组织产生的基本架构。

组织的建立是为了解决社会合作问题,社会问题的形式和结构决定了组织的形态变化。人类最初以血缘为纽带群居,目的是在复杂而恶劣的自然环境下生存,当人类为了实现特定的功能而形成群体合作关系的时候,也就形成了最初的组织。这些功能主要是保护功能和生产功能,保护功能的承担者成为拥有公共权力的组织,由于保护功能具有决定生存的特殊价值,因而公权组织相对其他组织具有实质上的优先地位。随着生产力的不断发展,功能的细分成为必然,逐渐发展出承担经济属性以及社交属性的组织,这些组织构成了社会的雏形。社会中经济属性组织的分离源于公权组织的功能弱化,社交属性组织的进一步分离则源于经济组织的功能弱化,前者可以说是政府失灵的体现,后者可以说是市场失灵的体现。当社会问题不能有效地通过公权组织和经济组织来解决的时候,社会组织的产生就有了实现的可能性。现代社会组织是随着资本主义发展而形成的社会新型合作组织类型。

第一章　社会组织简介

20世纪50—60年代，福利国家政策在西方国家大行其道，凯恩斯主义几乎成了"医治"经济问题的灵丹妙药。这一时期，推行福利国家政策成为资本主义世界发展的主流模式。到了70年代，这一政策使以英美为主的后现代国家社会福利开支日益庞大，损害了私人投资，政府在人们心目中的地位开始下降，越来越多的人认为，政府作为发展的推动力是有限的，而第三部门机构有其优越性。

从政治上来说，资本主义晚期公共生活面临种种危机，由于福利国家政策的推广，国家向社会领域的无限渗透缩小了人们的自由生存空间，使得社会制约国家的功能急剧衰退，而公共领域批判性功能的衰退又激发了人们的危机意识，社团组织被看作制度空间中解决公共事务、化解公共危机的可能形态。

从20世纪80年代末到90年代初，东欧各个社会主义国家的政治经济制度发生了根本性的改变，斯大林模式的社会主义制度最终演变为西方欧美资本主义制度。世界范围内社会组织的兴起与美国的全球意识形态渗透紧密联系，在这种意识形态渗透中，以美国为代表的西方国家不断输出结社、自由、民主观念，同时作为对这些观念的佐证，将社会组织的发展现实看作这些观念实现的必要基础。

综上所述，社会组织的兴起是资本主义经济发展对社会结构改造的结果，在对国家的政治霸权和市场的经济霸权的制衡过程中，社会组织成为解决社会问题的可能组织形式，而西方市民社会现实以及伴随市民社会的结社、自由、民主观念的传播推动了世界范围内社会组织的发展。

二、社会组织发展现状

国外非营利组织的活动领域受到不同国家历史、社会、政治、经济、文化的影响而各有侧重。例如美国、日本、荷兰等侧重卫生保健领域，比利时、爱尔兰、英国等侧重教育领域，奥地利、法国、德国、西班牙、澳大利亚等侧重社会服务领域。美国每年一版的《社会百科全书》将1989年美国社团的活动领域划分为17个类别，涉及商业、农业、政府、法律、科学技术、教育文化、通信等诸多方面。

拓展知识

国外非营利组织发展状况

◇ 社会组织管理 ◇

从发展规模、活动领域等角度了解了国外非营利组织发展状况之后，我们开始思考，我国社会组织与国外非营利组织发展历史是否相同？如果不同，又有什么区别呢？有没有相同之处？下面我们将在理顺我国社会组织发展历史的基础上探讨我国社会组织的发展状况，在实体层面上以社会团体组织（以下简称社团）作为典型对象。

（一）社团发展历史回顾

广泛意义上的社团是古老的组织形式，现代意义上的社团，其发轫宜追溯到经济领域的自主发展以及公民个体意识的觉悟。回顾中国现代历史，可以将中国社团的发展分成1949年之前、1949—1978年、1978年至今三个阶段。

拓展知识

我国社团发展历史回顾

（二）我国社团的组织状况

1. 组织类型与活动领域

中国的全国性社团按照官方的分类标准（主体功能）可分为17类：产业部门、社会服务与社会福利组织、公共事务组织、信息与技术服务组织、卫生组织、体育组织、教育组织、文化艺术组织、新闻出版组织、科学技术组织、人文社会科学组织、环境能源组织、企业行业组织、职业组织、地区组织、个人联谊组织以及其他组织。

以社团为例，可以看出，中国社会组织的活动一般都不局限于某一个领域，平均每个社会组织的活动领域为4.15个，少数社会组织开展的活动更是涉及十几个领域。中国大多数社会组织（68.7%）的活动范围在一个市、区、县范围内；有8%的社会组织活动范围在两个或两个以上市、区、县范围之内；8.6%的社会组织活动范围在一个省、自治区、直辖市范围之内；其他14.7%。这与中国《社会团体登记管理条例》对社团活动范围的严格限制有关（邓国胜，2001）。

2. 地区分布与限制

从社团的空间分布来看，城乡之间和城市之间呈现出高度的不平衡性。社团的数量、规模以及活动能力与所在地区的经济发展水平和对外开放程度密切相关。一个地区的工业化程度和社会发育程度越高、经济越发达，社团的数量越多，活动领域越广阔，成员覆盖面越大。就总的社团发展水平来说，城市远远高于农村，经济发达地区远远高于经济落后地区，沿海地区远远高于内陆地区。特别是在北京、上海、天津、深圳等走在市场经济改革前沿的大城市和沿海开放地区，社团相对活跃。

拓展知识

《社会团体登记管理条例》部分内容

3. 资源占有与使用

所谓"社团的资源"，是指有利于社团的生存与发展的一切要素。《社会团体登记管理条例》中规定了成立社团的基本条件，这些条件对社团生存所必需的基本资源进行了说明。

（三）近年来我国社会组织的发展

民政部《2019年民政事业发展统计公报》显示，截至2019年底，全国共有社会组织86.6万个，吸纳社会各类人员就业1 037.1万人，比上年增长5.8%；接收各类社会捐赠873.2亿元；全年共查处社会组织违法违规案件7142起，行政处罚6695起。

截至2019年底，全国共有各类社会团体371 638个；共有各类基金会7585个，其中公募基金会1915个，非公募基金会5670个；共有民办非企业单位487 112个（表1-1）。另外，还有基层群众性自治组织共计64.3万个，其中村委会53.3万个，居委会11万个。

表1-1　2019年社会组织按登记机关分类　　　　　　单位：个

指标	社会团体	基金会	民办非企业单位
合计	371 638	7585	487 112
民政部登记	1983	213	99
省级民政部门登记	31 789	5242	15 287
市级民政部门登记	89 359	1534	66 012
县级民政部门登记	248 507	596	405 714

◇ 社会组织管理 ◇

近年来，我国社会组织的发展呈现出以下特征。

1. 社团类型多样

民政部《2019年民政事业发展统计公报》显示，截至2019年底，全国性及跨省、自治区、直辖市活动的社团1983个，省级及省内跨地（市）域活动的社团121 148个，地级及县以上活动的社团248 507个。

拓展知识
我国八大人民团体

我国的社团中，还有一些特殊社团，如在全国政协拥有议政席位的八个人民团体和14个免于登记的社会团体。除了中华全国青年联合会之外，余下21个组织属于中央机构编制部门直接管理，参照公务员管理。

除此之外，还有活跃在工商服务业、科技研究、教育、卫生、社会服务、文化、体育、生态环境、法律、宗教、农业及农村发展等各个领域的社会团体在我国蓬勃发展，例如中国非物质文化遗产保护协会、中国环境保护协会，又如在地方上活跃的地方文化保护协会、各种商会等。

拓展知识
14个免于登记的社会团体

2. 基金会发展迅速

2008年是我国基金会成长发展的关键一年，这一年被称为"中国公益元年"。5月12日，汶川地震突然发生，万里山河瞬间破碎。一方有难，八方支援，数以万计的爱心捐款汇集汶川，数以百计的公益组织奔赴灾区，来自全国各地的志愿者挺身而出。汶川地震中的社会支援成为我国公益组织发展的里程碑，它使政府、社会感受到了中国公益慈善的能量与价值，也推动了慈善事业的发展和自然灾害中的社会参与。2011年，郭美美事件引起公众对中国红十字会等体制内公益慈善组织的质疑，这也导致了一些民间自发的、更有活力的基金会蓬勃发展，以壹基金为代表的民间慈善组织获得了大量捐赠，同时也面临着能力方面的挑战。

十年间，我国公益界发生了巨大变化，互联网＋公益快速发展，随着2016年《慈善法》的出台，我国公益事业也迈入法制化时代。

从整体数量上看，从2010年到2020年，我国基金会数目稳步增长但增速有所放缓，截止到2020年6月，全国共有8172家基金会，与2010年

第一章 社会组织简介

（2250家）相比，翻了近三倍。出现了很多著名的基金会，如腾讯基金会和马云公益基金会。腾讯基金会是2007年由腾讯公司倡导并发起的中国互联网第一家在民政部注册的全国性非公募基金会，其业务范围包括扶贫济困、救孤助残、赈灾救援、抗击疫情等社会公益慈善活动，青少年教育发展及其他社会教育发展项目经主管部门批准的符合本基金会宗旨的业务。表1-2为2019年腾讯基金会所发起的项目，其中"社会组织发展项目"近五年捐助过中国慈善联合会等慈善组织以及中国社会组织促进会、中国社会工作联合会等组织和机构。马云公益基金会是2014年由马云个人出资设立的国内非公募基金会，2019年发起的项目达12项之多，如表1-3所示。

表1-2 2019年腾讯基金会项目信息　　　　　单位：万元

序号	项目名称	年度收入	年度支出
1	社会组织发展项目	0	967
2	筑梦新乡村项目	0	200
3	立体救灾项目	0	17
4	生态及文化保育项目	0	605
5	支持科技发展项目	0	3750
6	互动公益平台项目	0	46 764
7	扶贫济困项目	0	11 624
8	教育及公益倡导项目	0	8670

表1-3 2019年马云公益基金会项目信息　　　　单位：万元

序号	项目名称	年度收入	年度支出
1	西溪湿地支持计划	0	10 000
2	拉萨师范高等专科学校·马云教育基金会	0	4007
3	马云乡村教师计划	95	1722
4	浙江风清扬公益事业研究院	0	1000
5	马云乡村校长计划	71	757
6	马云乡村寄宿制学校计划	70	693
7	中国女足支持计划	0	500
8	杭州师范大学·马云教育基金	0	500
9	马云乡村师范生计划	69	415
10	浙二医院医疗器械支持计划	0	50
11	桃花源生态保护基金会	0	30
12	非洲创业者基金	0	24

◇ **社会组织管理** ◇

2016年3月16日，第十二届全国人大第四次会议通过了《慈善法》。它是我国第一部慈善领域的基础性、综合性法律，第一次从法律层面明确了慈善活动的范围与定义，规范了慈善组织的资格与行为，也提高了基金会组织进入的门槛。2016年之后，基金会数量增速有所放缓（图1-1）。

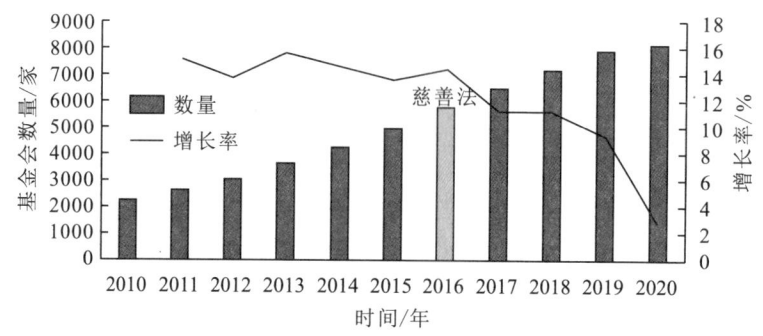

图1-1 基金会数量及增长率

（数据来源：基金会中心网；截止日期：2020年6月30日）

目前，从数量上看，中小型基金会已经成为中国基金会行业的主体。我国基金会的活动领域主要集中在传统的教育、救灾济贫、扶弱救残等方面。截至2018年6月，关注教育的基金会数量为2788家，关注扶贫助困及三农、少数民族的基金会数量为1358家，关注老年人、残疾人、儿童等特殊人群的基金会数量为976家，关注医疗卫生的基金会数量为721家，关注安全救灾的基金会数量为492家。

从财务管理上看，基金会收入的八成以上为捐赠收入（图1-2），基金会的公益支出占总支出的九成以上，近年来工作人员工作福利支出逐年增多，行政办公支出逐渐减少。基金会的投资方向也越来越倾向于短期投资，2018年基金会短期投资总规模为421亿元。

近年来，由个人或民营企业等发起的民间基金会尽管数量占比过半，但资产规模仅占整体的1/4；学校型基金会数量虽少但资产体量不容小觑，2019年位居基金会净资产排行榜榜首的为清华大学教育基金会，净资产达932 987万元（表1-4）。

第一章 社会组织简介

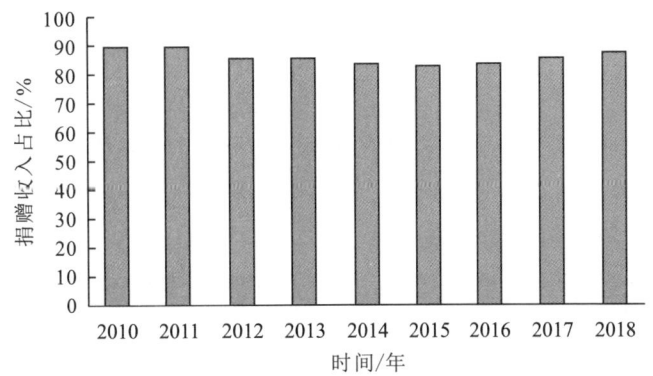

图1-2 近年基金会捐赠收入占比

（数据来源：基金会中心网；截止日期：2020年7月15日）

表1-4 2019年基金会净资产排行榜　　　　　单位：万元

排名	基金会名称	净资产
1	清华大学教育基金会	932 987
2	浙江大学教育基金会	317 840
3	上海市慈善基金会	314 409
4	陕西省神木市民生慈善基金会	305 502
5	三峡集团公益基金会	188 727
6	广东省哥弟菩及公益基金会	175 299
7	上海交通大学教育发展基金会	156 110
8	国家能源集团公益基金会	149 208
9	广东省扶贫基金会	147 090
10	中国青少年发展基金会	145 039

数据来源：基金会中心网。

从项目开展情况来看，截至2018年12月31日，我国共有7015家基金会，这一年它们共开展了27 906个项目，七成基金会项目集中于教育、扶贫与医疗领域，资助类项目有7305个，占比仅约26%。近几年全国基金会项目总支出逐渐增长，但增长率有所下降。

3. 基层群众性自治组织健全完善

党的十七大首次将基层群众自治制度作为与人民代表大会制度、中国共产党领导的多党合作和政治协商制度、民族区域自治制度并列的社会主义政治建设四项重要制度之一。城乡基层群众性自治组织在推动中国特色社会主义进程中发挥着越来越重要的作用。

1）基层自治组织更加健全

近年来我国城乡群众性自治组织基本实现了全覆盖。截至2019年底，全国基层群众性自治组织共计64.3万个，其中：村委会53.3万个，比上年下降1.7%，村民小组419.3万个，村委会成员218.0万人，比上年下降1.6%；居委会11.0万个，比上年增长1.6%，居民小组145.6万个，居委会成员59.6万人，比上年增长3.1%（图1-3）。近年来，城乡基层还出现了一些新型社会组织，如"村民选举委员会"等基层选举队伍，"社区事务监督委员会""村民议事组"等基层民主监督组织。

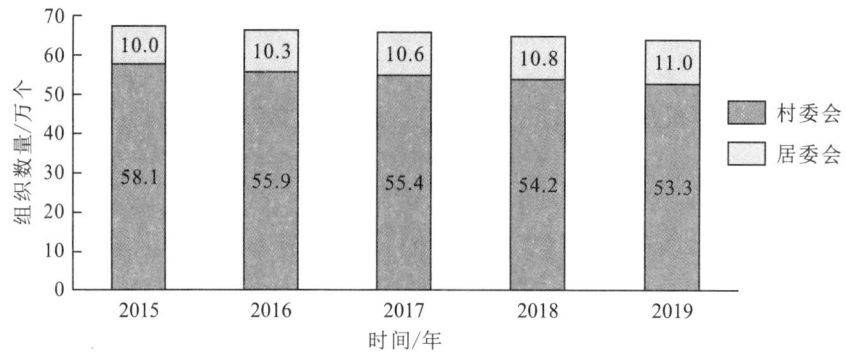

图1-3 2015—2019年基层群众性自治组织情况

2）民主管理制度进一步完善

新时期，基层群众性自治组织在选举、决策与监督制度上进一步完善，更好地保障了基层公共事务的自我管理。

（1）村委会与居委会民主选举法制化。我国先后颁布了《中华人民共和国村民委员会组织法》《中华人民共和国城市居民委员会组织法》等法律法规，充分保证了广大基层群众选举的权利，为基层民主提供法律保障。

（2）基层民主决策机制科学化。在农村，基层群众可以通过村民代表在村民代表会议中参与决策,也可以在村民会议或村务公决上直接参与决策活动;在城市,决策方式不断丰富,如社区居民听证会和"社区、小区、楼栋"三级议事制度,保障了城市社区居民参与社区事务管理和参与公共政策决策的权利。

(3)基层民主监督透明化。村务公开普及,民主评议制度与财务审批制度成为目前群众监督村委会或居委会的主要途径。

3)群众自治能力显著提高

据统计,2019年全年共有8.8万个村(居)委会完成选举,登记选民数为1.4亿人,参与投票人数为0.75亿人。各地村委会及大部分居委会选举的参选率都在90%以上。群众自主探索基层民主选举新方式,在农村,"海选"方式普及,谁当村干部完全由群众决定;在城市,居民可通过民主议事会、居民听证会建言献策,这有效拓宽了群众的参与平台,尊重了群众的首创精神。新时代,城乡基层网络社群不断发展壮大,成为基层社会组织演进的新形式。互联网开辟了"虚拟与现实融合的社会行动空间",网友在网络社群中进行社区或农村事务交流,从围观者变成了参与者,"由信息共同体升级为复杂的关系共同体和潜在的行动共同体"(王栋,2018)。

社会组织管理

第二章　社会组织的利他性

在新冠肺炎疫情发生的第一个月中，韩红爱心慈善基金会总共向武汉运送了31批医用物资，筹集善款超过3亿元，同时该基金会开始公布善款金额，以"日报"的形式发布驰援武汉项目实施进展，为抗击疫情作出巨大贡献。然而，它在赢得了人们广泛好评的同时，却遭遇了某网友的实名举报。该网友在微博发布文章列出数条韩红爱心慈善基金会的"罪证"，但文章内容并没有提供实质证据，大都是质疑韩红的慈善动机，质疑其炒作、想发国难财，并存在恶意P图、造谣栽赃的嫌疑。针对此次举报，北京市民政局公布了对韩红爱心慈善基金会的调查结果。结果表明，韩红爱心慈善基金会总体上运作规范，但也存在部分投资事项公开不及时等问题。《新京报》对于举报者评论道："网络上的实名举报者和质疑者，从动机开始攻击，进而质疑基金会管理方面的违法问题。"现实中，有太多对于慈善组织和其志愿者的质疑站在道德的制高点上，质疑其公益的动机，阻碍着这些组织的发展。但是利己的动机和利他的行为是完全对立冲突的吗？社会组织真的是"大公无私"的吗？

国家与社会关系是研究社会组织管理现象的基本框架，这种宏观的框架可以帮助我们理解为什么社会组织有存在的必要，以及社会组织可以实现怎样的功能。而且我们也可以形成这样的认识：在现实中我们生活在国家里，虽然各自生活的人文环境有很大差异，但并不妨碍我们将生活的人文环境称为社会。国家与社会的差异在于——国家属于公共的部分，是强制性的，社会在公共部分之外还有私人的部分，是非强制或志愿性的。社会的部分有两种基本的组织，它们按是否以营利为目的而区别开来。非营利组织就是不以营利为目的，主要开展各种志愿性的公益或互益活动的社会组织。

然而，这样的思维逻辑有三个问题不能解决。一是我们在这样分析的时候，是以现实的民族、国家以及公民生活状态为依据的，它不能说明这一切

第二章 社会组织的利他性

是怎么来的,仅仅从短期的政治、经济、文化、宗教等因素进行分析显然是不够的。二是企业、政府、社会组织都提供了私人或公共服务,企业可以理解为基于私利的互惠的目的,政府和社会组织也可以这样理解吗?如果说政府由于其公共性而强制地提供公共服务,那为什么在非强制的条件下,社会组织也愿意提供这些服务呢?是因为社会组织是无私的吗?三是各种组织可以看作人类在各个层面上合作的结果,但是人类社会中自私的个体总是存在的,是什么原因使自私的个体之间产生合作呢?尤其是社会组织不以营利为目的,也就意味着自私的个体可以无偿或者以低成本获得服务,如果不是出于利益,为什么有人要做这种有利于其他个体的行为呢?

本章内容是对上述问题的演绎分析,通过对人类的利他与合作行为的分析将个人与组织联系起来,这是理解人类组织存在原因并对其进行功能分析的前提,也是理解国家社会关系问题必需的哲学基础。

第一节 人类互动与互动规则

一、人类本性与行为

在探索人类的互动行为之前,我们先来探讨:如果人类要做出某种行为,如杀人、放火、互相帮助、舍身救人等,这些行为是什么原因引起的,它是先天的还是后天的呢?人类的本性究竟是什么?

(一)人的行为是先天的还是后天的?

1. 先天性

所谓行为,就是指人有目的的活动。它的最小组成单位是动作,一系列动作即构成人的行为。简而言之,行为就是人们在日常活动中所表现出来的一系列动作的统称。先天的行为是与生俱来的,是遗传物质决定的结果,换个说法又称为本能。基因决定论的观点认为,合作更可能是亲缘关系的结果,目的是获得相同物种的利益。也就是说,物种包括人之所以互相合作,是因为他们之间有血缘上的联系,是为了

拓展知识

大鼠迷宫实验&关于人类暴力行为的基因研究

物种的延续而合作。英国的理查德·道金斯1976年出版了《自私的基因》一书，他认为，合作必须从外部强加到本质自私的人身上，生物进化的基本单元是自私的基因。

2. 后天性

人的行为和动物的行为一样，有许多经过进化而遗传的本能：对生存的需要、对胜利的渴望、对伴侣的欲望、对自己地位的关心、对同类帮助的冲动，等等。从人脑的结构来看，这些都直接对前额叶造成影响，但这一切都可以被出生后的记忆和周围事物所改变。遗传只是决定了可能性，但会不会这样做需要后天的学习。

拓展知识
学习理论

根据进化论的观点，人跟自然界的其他物种一样，是不断进化发展的，人不断适应环境而进行适应性变化。这种变化不仅仅表现在气质上（生物属性的进化），还表现在社会属性的进化上。美国学者阿克塞尔罗德就认为，人类合作行为不是自然产生的，而是互惠方式的进化结果，互惠就是策略双方都从中获得利益，虽然个体自私的本质难以逾越，但是进化的结果却是群体的合作。

（二）人性是善还是恶？

人性，即人类天然具备的精神属性。在传统的人文哲学体系中，它被认为是人类社会分析的起点。从生物演化的漫长历史来看，具体的人性是变化的，是不断进化的；但是从相对短暂的时间来看，具体的人性具有相对的稳定性，不容易发生大的突变。

关于人性论，人们谈得最多的是性善论和性恶论。那么人性究竟是善的还是恶的呢？我们实际上是通过解释行为的善恶，来判断人性的善恶。实际上，"人性善"和"人性恶"是我们的假设而不是事实，我们通过观察行为，给予行为善和恶的解释意义，然后主观上将行为的解释意义赋予了人性。人类具体的本性有被无限解释的可能性、无限包容性和无穷变化性。

在人性与行为的关系问题上，与其在行为之前假设善和恶，以此来解释行为的合理性，不如剔掉这些假设，我们一样能解释人类行为。

第二章 社会组织的利他性

(三) 行为的解释意义

抽象的人性是不存在的，人性不能被贴上善、恶的标签，也不能被赋予其他任何属性。在行为之前，行为的解释意义是不存在的，讨论本性的时候，连行为都没有，就更没有行为的解释意义，那么本性善恶问题就是一个伪问题。

同样的道理，行为的解释是我们赋予行为的意义，我们常说的平等、自由、民主、正义等，都是我们赋予各种人类行为的解释意义，因此也不是天然就有的，它们都是假设。

今天我们之所以普遍认同这些基本的价值判断，是因为相比之下，没有更好的假设，这些是我们假设的理想，因此在说明它们的正当性的时候，最好的理由是：它们是人类应该具有的或者普遍认同的而无须证明。

人类自身的行为创设了行为的价值含义，这些价值含义随着人类行为的复杂化而得以丰富，并通过个体理性的归纳、总结而形成高度抽象的范畴体系。这些范畴构成了人类社会的整个图景，如政治、经济、文化等。

(四) 从无到有：人的行为如何产生？

人类最初的状态是什么样的呢？人类最初的状态就是无。从无到有的桥梁是人的存在。这里所说的人的存在，是指人的生命以及作为人的意识的存在。人的存在是我们分析行为的假设起点。

我们假设一个人，他（她）存在了，却是无的状态，这时没有所谓的行为。如果没有任何行为，那么这个人的状态就是存在着但是不需要考虑如何去存在，也就是说获得所需要的但不需要考虑如何获得。这类似于等待"天上掉馅饼"的状态。

人与其他生物的区别在于人的意识能动性，这种能力是由人生存的物质环境决定的。当人意识到自身与外在物的区别、与其他生物的区别，并产生自身的行为以及对外在物的行为，最后能抽象形成人的存在这种认识的时候，人类历史分析才具有意义。

但是人要存在下去就会受到各种限制，最初的行为是被迫产生的，是不得已而为之，人必须采取适应性行为，否则就是对存在状态的否定。从无到有的过程，实际上是存在法则在起作用，因为要存在，所以人类最初无的状态就发生了改变，在环境的惩罚下就有了各种各样衍生的行为，这就完成了从无到有的过程，也就是完成了从最初状态到人的行为的过程。

二、合作行为与个人理性：个人在互动中的行为规律

行为以及行为的解释是不同的，行为应该有多样化的解释，不能用预设的行为解释理解所有行为。我们现在所拥有的知识体系都是行为的解释。如果行为需要多样化的解释，我们对世界的认识就永远没有绝对的解释，而仅仅是可能性的解释，从这个意义上说，我们的认识总是有限的。

但是，如果我们不试图去解释世界，就不知道自己是怎么回事，我们在做什么，将有什么会发生，那么世界对于人来说就没有任何意义了。从这个意义上说，我们的认识总要去解释什么，这就是个人理性。

（一）合作意识与合作认知

1. 合作意识

生物是有意识的，能根据意识作出反应，简单说就是知道自己在做什么。我们如果要分析合作行为，就一定要了解合作意识，合作意识就是对合作行为中自己以及自己行为的感知。

人的行为分无意识行为和有意识行为。无意识行为是没有经过主观分析判断而发生的一种本能行为，反之则为有意识行为。我们所研究的合作行为是有意识的合作行为，无意识的合作行为虽然也可能存在，但是因为完全无法观察和为人所了解，所以不在我们的讨论范围内。

合作意识的本质是合作的辨别。合作意识就是要辨别谁与谁合作，合作还是不合作，恰当还是不恰当。

2. 合作认知

从意识到行为的过程是非常复杂的。意识转化为行为既有生物学的基础，也有心理学基础。

心理学认为，人的心理包括心理过程和个性心理两个部分，二者是普遍与特殊的关系。人的心理过程包括诸如感觉、知觉、记忆、思维等认知过程，情感过程和意志过程；个性心理包括个性心理倾向性和能力、气质、性格等

特征。

我们重点讨论一下认知过程。情感过程和意志过程都必须以认知为基础。人的认知过程是一个非常复杂的过程，是人认识客观事物、对信息进行加工处理的过程，是人由表及里、由现象到本质地反映客观事物特征与内在联系的心理活动。它由人的感觉、知觉、记忆、思维和想象等认知要素组成。

认知具有两方面的特征。一是认知的选择性。尽管我们承认物质决定意识，但是物质之所以是物质，是因为有意识的参与，我们才能认识到。世界之所以是我们所知道的世界，是因为我们选择了决定世界是那个样子而不是其他样子的要素，严格把世界和我们区分开是不可能的。二是认知的有限性，它源于生理的限制与知识的限制。生理的限制可以借助工具的力量来突破，而突破知识的限制则只能寄希望于人类文明的发展，这个发展过程是认识不断深化的过程，不断有新的认知替代旧的不合适的认知。这也是我们认知这个世界的方式与特点。

(二) 个人理性与行为

中国历史上有个故事"两桃杀三士"。春秋列国时，齐景公有三个勇士——公孙接、田开疆和古冶子，他们号称"齐国三杰"。齐景公想除掉他们，便派人赏赐了两个桃子，让三人按照功劳大小来分吃。这样一来，如果不接受桃子，就表示自己不够勇敢，于是公孙接与田开疆都认为自己应该接受桃子。随后，古冶子认为自己的功劳比这两人都大，于是要求将桃子交还于他。公孙接与田开疆自知功劳不如古冶子，却在拿桃子时毫不谦让，这使两人羞愧自杀。古冶子见此状便悔恨自己的言行，也刎颈自尽。

这个例子中人的行为是理性的吗？个体的行为即使表面上看来是非理性的，在行为者的认识里仍然是理性的，自杀也是个人的理性行为。既然行为在个体看来是理性的，那么他们行为的实质是什么呢？反复策略权衡与利益最大化是一样的吗？我们在行为产生之前对策略进行比较，以选择对自己最有利的那一个，这难道不是为了利益最大化吗？

人对真理的探究结果是产生理性。理性认识相对于感性认识而言，是人们在实践基础上对客观事物的主体、本质、内部联系的反映。理性认识包括概念、判断、推理三种形式。理性认识的特点是间接性和抽象性。

个体行为是由个人理性驱动的。个人理性包括自然理性和社会理性，这是由生物的自然属性和社会属性决定的。自然理性是有意识的个体生物本能的体现，在自然理性下，个体的行为与生命体的本能反应相联系；社会理性则是生物社会性的体现，在社会理性下，个体的行为与生命体的社会适应反应相联系。一般我们讨论的个人理性仅就社会理性而言。

社会理性的实质是反复策略权衡，它是指个体根据自然限制和自己的认识逻辑而选择采取适应性行为。人类行为具有多目标性，单个行为本身不指向单个目标，而是以其为主要目标，根据情境的变化而随时调整，行为与目标之间是一对多的关系，这也反证了人类在决策过程中反复策略权衡这一基本判断。

为什么个人理性驱使人们反复策略权衡而不是追求利益最大化呢，主要有以下两个理由。

1. 反复策略权衡更加强调结果的多样性

个人理性强调的是从行为到结果的多种可能性，而不是从行为到结果的唯一选择——利益最大化。在行为发生之前，无所谓利益、损失，无所谓利益最大、最小，没有理由赋予不存在的行为以解释意义；在行为发生之后，利益、损失等才会被赋予解释意义。我们只能通过行为结果来推测行为的依据。由于行为结果是多样的，所以，人的行为依据也是多样的，人对行为的最终认识是通过对不同依据进行比较得来的，而人的理性就体现在这个比较选择过程（反复策略权衡）中。

个人进行反复策略权衡的种类可以有多个视角的划分，如果从成本收益角度分析，主要有如下三种：①利益最大化——就像经济学假设的，人不做对自己不利的事情；②损失最小化——即使要做对自己不利的事情，也选择不利因素最少的方案；③不再考虑收益和成本，这时候的出发点转化为一种信念。

利益最大化仅仅是个人理性的选择之一，片面强调个人理性只包含追求利益最大化是不合适的。

2. 反复策略权衡更加符合人类认识的选择性和有限性特征

反复策略权衡和利益最大化假设都符合人类认识的选择性，这没有问题。问题是利益最大化假设强调的是无限理性，也就是要达到最优的状态，

第二章 社会组织的利他性

最优的状态当然是没有的。由于人类认识的有限性，相对于我们的认知来说，我们不知道的东西更多，而且我们所相信的知识也不断在更新，所以，没有什么东西是我们一定有把握的，这就是不确定性，但是肯定有什么东西是我们一定不能把握的。在这种情况下，理性思维的逻辑是先考虑我们受到哪些限制，我们不知道的还有哪些因素，然后考虑成本收益比较。

反复策略权衡不是简单地只考虑利益最大化，而是从追求"利益最大化"到追求"损失最小化"，再到追求"利益最大化"的过程。

个体最初计算收益与付出的比率并希望获得利益最大化，仅仅是当他不考虑与任何其他人的联合行动时才成立。当人们在理性的驱使下考虑其他人的行为策略时，最终的权衡结果将与最初的权衡结果很不一样。不合作的时候，人可以简单地从利益最大化角度出发考虑行为；但是要想与人合作，就会涉及人与人不断的互动，最初的利益最大化选择会在这个过程中变通，具有策略优势的一方仍然可以从利益最大化角度考虑问题，而具有策略劣势的一方则有必要从损失最小化出发考虑问题以推动合作，否则会受到无法避免的惩罚。从宽泛意义上讲，策略优势是个相对的概念，为了避免无法确定的惩罚，从损失最小化出发是一种更优的策略选择。

拓展知识
搭便车现象中的策略权衡

综上所述，由于人类认识的选择性和有限性特征，个人理性不是简单地追求利益最大化，而是在利益最大化与损失最小化之间反复策略权衡的结果。有些策略成为信念，已经不需要重复以前的策略权衡了。我们从利益最大化出发的认识是一种简化认识。

第二节　利他行为为什么是可能的且持续的？

一、不稳定的利他合作：自私行为的溢出效果

我们在上一节中谈到，人类具有生物属性与社会属性，这决定了人的自然理性与社会理性。从自然理性上说，"生物进化的基本单元是自私的基因"，利他效果产生于个人自私行为的溢出效果。这种溢出效果在经济学上也被称

为外部性，人们通常从产生外部性的主体与接受外部性的客体两个角度来定义外部性。从产生主体来看，萨缪尔森和诺德豪斯认为"外部性是指那些生产或消费对其他团体强征了不可补偿的成本或给予了无需补偿的收益的情形"。从接受客体而言，阿兰·兰德尔（1989）指出，外部性是用来表示"当一个行动的某些效益或成本不在决策者的考虑范围内的时候所产生的一些低效率现象；也就是某些效益被给予，或某些成本被强加给没有参加这一决策的人"。无论从哪个角度看，外部性的本质都是一致的，即它是某个经济主体对另一个经济主体产生的一种不能通过市场价格进行买卖的外部影响。

大多数情况下，我们将外部性划分为正外部性（或称外部经济）与负外部性（或称外部不经济）。正外部性就是一些人的生产或消费使另一些人受益而又无法向后者收费的现象，例如，在私人庄园旁修一条便于行走的小路，也会使得经过的路人更好行走，即对路人产生了正外部性效果。负外部性就是一些人的生产或消费使另一些人受损而前者无法补偿后者的现象。

我们可以认为一部分的利他行为是源自人初始的自私行为在不经意间产生的正外部性效果。例如，我们出于自己的健康考虑接种了新冠疫苗，不仅提高了自己的免疫能力，也同时减少了周围其他人感染疾病的机会，人与人之间在无形中达成了这样的合作。即使是营利组织也具有利他性，亚当·斯密在《国富论》中曾经指出，虽然市场主体的行为是利己的，但是产生了利他的效果，增加了社会财富总量。

但是这种溢出效果形成的利他效果是不稳定的且偶然的，并不是所有个人行为都能够产生外部性效果，甚至正外部性效果，因此它不能够解释广泛的利他合作，只能解释利他合作行为中的一部分。那么，人与人之间稳定而广泛的合作是如何形成的呢？

二、从不合作到持续合作：互动行为的结果

合作有广义的合作，也有狭义的合作。

广义上的合作，指人与外在环境的和谐共处，顺应自然规律。我国传统儒家思想中就有"天人合一"的说法，老子说："人法地，地法天，天法道，道法自然。"汉代董仲舒则明确提出："天人之际，合而为一。"天人合一是说人和自然在本质上是相通的，故一切人、事均应顺乎自然规律，达到人与自

然的和谐。现在我们倡导和谐社会,倡导可持续发展,实际上是说人要懂得与自然合作,而不是对抗,这是广义的合作理论。

狭义的合作,指基于约定的具有共同利益指向的行为策略。合作首先表现为一种策略,它是为了达到目标的方案、方法和技巧的集合;其次,合作的目的是获得共同利益;最后,合作需要约定。

个人行为是自然限制和认知限制下理性选择的结果,个人最初是与生存环境合作,继而发展为与生存环境中的人合作。在合作中,反复策略权衡有多种选择,在排除其他因素的情况下,人与人互动的稳定策略会是合作吗?

(一) 个人行为的稳定策略:不合作

1. 一次相遇的博弈

"囚徒困境"是博弈论的经典例子,它是1950年美国兰德公司提出的博弈论模型。两个共谋犯罪的人(甲、乙)被关入监狱,不能互相沟通情况。如果两个人都不揭发对方,则由于证据不确定,每个人都坐牢1年;若一人揭发,而另一人沉默,则揭发者因为立功而立即获释,沉默者因不合作而入狱10年;若互相揭发,则因证据确实,二者都判刑5年。由于囚徒无法信任对方,因此倾向于互相揭发,而不是同守沉默。表2-1中列出了甲、乙可能作出的策略组,括号内的数字表示惩罚的数值,即判定的刑期。

表 2-1 囚犯的难题

		囚犯乙	
		背叛	沉默
囚犯甲	背叛	A (−5, −5)	B (0, −10)
	沉默	C (−10, 0)	D (−1, −1)

双方在得失权衡上的策略排序是甲(B→D→A→C),乙(C→D→A→B)。本来策略D(同时保持沉默)是对双方最优的选择,甲、乙只被判1年监禁;但集体选择的结果是策略A(双方都背叛),甲、乙要被判5年监禁。囚徒的困境就是不知道如何避免策略A而选择策略D。阿克塞尔罗德在《合作的进化》一书中指出:"在一次遭遇的情况下,背叛不仅是'囚徒困境'博弈论意义上的解,也是生物进化意义上的解。它是变异和自然进化的必然结

果：如果把收益理解为适应性，且一对个体的相遇是随机和不重复的，那么任何采用可遗传策略的混合群体都将进化到所有的个体都是背叛者的状态。并且，当整个群体都采用这个策略时，没有单一的不同的变异策略可以比背叛策略更佳。只要个体再也不相遇，背叛的策略就是唯一稳定的策略。"

由"囚徒困境"我们可以得出如下结论：在不能形成合作约定的前提下，个人反复策略权衡的最优结果是不合作，只有不合作才能使损失最小化。不合作是"囚徒困境"唯一稳定的策略。不合作是个人行为的本质特征。

2. 有限相遇次数的博弈

我们可以合理地设想进行有限次数的博弈，比如五局博弈。只有在"囚徒困境"的局数不确定的情况下，囚徒才不会选择在每一局都背叛对方，才会出现同时保持沉默的现象。正如生活中我们常说"做人留一线，日后好相见"，这是因为谁也不确定今后大家是否会有再次合作的可能性，一旦人们明确知道这是最后一次合作，则更倾向于不给自己留后路的选择。

拓展知识
囚徒困境五局博弈

由此可以看出，从个人理性出发，合作非常困难，而且单方面不合作会加剧继续不合作的风险，结果是双方更加难以合作。既然在不能形成合作约定的前提下，个人反复策略权衡的最优结果是不合作，不合作是唯一稳定的策略，那为什么又会发展出稳定的合作呢？这显然是矛盾的。

在现实条件下，偶然的一次合作是可能的，但是每个人由于受到利益驱动、知识的局限性以及情感、偏好等限制条件的影响，不一定会选择最优结果，每一个策略组都有可能被选择，那为什么又偏偏选择合作策略组，而且持续选择呢？

（二）如何从不合作到合作

个人反复策略权衡的稳定结果是不合作，而且双方必然忍受了至少一次不合作的惩罚，这是合作产生之前的基础状态。

1. 选择利他行为

人们最初始的状态是不合作。合作产生的第一个前提是必须存在至少一方改变初始状态，也就是首先选择利他行为。

第二章 社会组织的利他性

这个阶段最重要的是改变策略。有什么办法能使人改变稳定的不合作状态而主动选择合作呢？是什么原因使人选择利他呢？

最初的进化理论是从种群和整体的角度考虑物竞天选、适者生存的，遗传亲缘理论认为生物利他是由于基因的关系，这一理论部分解释了至少一方改变初始状态选择合作的原因——个人因为亲缘关系和广义适合度而选择利他行为。亲缘关系指的是生物类群在系统发生上所显示的某种血缘关系。广义适合度是一个个体在后代中传布自身基因（或与自身相同的基因）能力的大小，能够最大限度地把自身基因传递给后代的个体具有最大的广义适合度。但从种群和整体起源的相关性理论角度无法解释个体怎么能考虑到种群的利益，因此，从个体出发的进化理论更具有解释力。

回报理论认为，生物利他的原因是基于对回报的预期。相比之下，回报理论具有很强的解释力。这个理论说明虽然不合作是稳定的策略，但是进化的结果是人首先改变稳定的不合作状态，即心存善良地进行合作，而合作关系一旦建立，将会在群体中稳定地存在并扩散。也就是说，采取利他行为有利于促使人们合作，而合作是为了获得稳定的回报。

回报不仅可以是外部性的，也可以是内部性的，外部性的激励来自收益预期，内部性的则依靠生物自激励。强互惠合作理论认为，人类之所以能维持比其他物种更高度的合作关系，在于许多人都具有这样一种行为倾向，即在团体中与别人合作，并不惜花费个人成本去惩罚那些破坏群体规则的人，即使这些成本并不能得到预期的补偿。人和动物的许多行为都是依靠这样的自激励机制实现的。

2. 克服投机行为

由于投机行为的存在，一方单方面改变初始状态选择合作仍然会面临对方不合作的风险，如见义勇为反被讹诈。如何使两者都受到奖励呢？换句话说，如何使另外一方也选择合作呢？合作产生的第二个前提是必须克服合作的投机行为。

在"囚徒困境"模型中，如果我们加入双方的约定条件，情况就明显改变，比如囚犯可以约定谁背叛就杀他全家，这个约定的负面影响足够大，我们记作－100，于是得到表2-2的组合。

表 2-2 囚犯的约定博弈

		囚犯乙	
		背叛	沉默
囚犯甲	背叛	A（-5-100，-5-100）	B（0-100，-10）
	沉默	C（-10，0-100）	D（-1，-1）

双方在得失权衡上的策略排序是甲（D→C→B→A），乙（D→B→C→A）。此时，集体选择的结果是策略D，双方都沉默，从而突破了"囚徒困境"中双方背叛的稳定策略A。

从以上约定博弈的模型可以看出，克服投机行为需要以下两个要素。

1) 共同利益认识

合作之前，双方都承受至少一次的不合作策略损失（以不合作为出发点），必须支付交易费用，持续的不合作将会带来更多的损失，但这些都取决于个人的容忍程度，这是一个认知问题。

如果其中一方认识到，要先实现共同利益，个人利益才能持续得到保障，他就可能减少投机可能性。双方需要认识到不合作策略的损失是难以容忍的，合作策略将会对双方有利。

2) 达成约定

双方合作是以无限次的博弈实现的，如果博弈是有限次的，那么在最后一次博弈中双方将理性选择破坏合作。而"无限次的博弈"认识只有在反复信息沟通中才能得到明确；一方需要反复提供自己合作的确切信息，另外一方才会有选择合作策略的可能性。而且如果是最后一次，投机不可避免，只有通过约定来制约。

所以，个人之间的合作要在双方忍受了至少一次不合作的惩罚之后，其中至少一方改变初始状态选择合作，进而克服合作投机行为，通过约定来保障双方共同利益的情况下才能产生。

（三）合作的本质：强迫

博弈理论不能完全解释人类行为策略问题，因为这个理论是有局限性的，在不均等条件下博弈论将失效。现实社会中人是千差万别的，有各种方式和方法改变人们的行为预期,从而影响人们的最终选择。

社会学交换理论家乔治·霍曼斯在《人类群体》一书中接受了斯金纳的行为心理学观点,指出与动物一样,人们作出的行为,也是为了获得报酬或者逃避惩罚。人们通过交换关系而获得行为的正向激励和负向激励,这种行为互动关系的本质由经济关系决定。如果我们考虑如下可能性,就可以更清晰地看出合作的本质特征究竟是什么。

第一,合作很容易被利用为工具手段。"当一个人可以从双方合作中得到好处的时候,这个人也能够从剥削对方的合作中得到更多好处",合作不一定是互惠的。

第二,合作双方在现实中地位是不均等的,其中具有生理优势、社会优势的一方可以通过直接或间接暴力掠夺的方式获得合作收益。

由于不合作是个人行为的稳定策略,即使是采取从合作出发的善意策略,个人也需要借助自己或第三方的力量迫使另外一方改变行为策略才能形成合作。而若采取从不合作出发的暴力与剥削策略,强迫就是必需的。

因此,合作的本质是强迫,不管是出于自然的强迫,还是出于合作者、第三方的强迫,一切合作行为本质上都是强迫合作行为。强迫的意思是迫使别人服从自己的意志,将他认为合适的策略强加给本来不会这样选择的其他个体。

(四) 个人之间如何持续合作

个人之间的持续合作就是通过持续性约定来保证共同利益的过程。因此,有如下两个问题需要澄清:一是共同利益从哪里来,二是如何进行持续性约定。

1. 共同利益

1) 分享机制与共同利益

无论不合作的初始状态是先天存在的还是后天形成的,自然演化的分享机制提供了合作的第一个基础要件——共同利益。

在血缘关系中,自然演化的分享机制意味着个体需要与后代分享食物,这就产生了共同利益认识,而天生的个体与后代的传承关系就是一种约定,基于血缘基础的合作关系因此产生。与某些动物不同的是,人类出生的时候是一个不能独立生活的"胚胎",而且这个"胚胎"的成长周期如此之长,以至在少年期甚至更长的时间,脱离父母的养育就意味着死亡。

在非血缘关系中,有些物品是自然分享的,比如空气、水源、充足的食物等,但是有些物品的稀缺是客观事实。对稀缺物品的需求使竞争成为必然,而竞争中的掠夺非常普遍,掠夺者获得收益,被掠夺者失去收益,在没有更好的脱离群居条件的前提下,掠夺者与被掠夺者形成依靠自然禀赋的零和博弈,一方的收益成为另外一方的损失。

没有其他个体的加入,个体之间就是竞争关系。当有其他个体加入,开始争取个体零和博弈的收益时,比如一群人掠夺同一个人、抢夺同一食物,这实际上产生了公共的掠夺对象。合作开始偶然发生,条件是这时的公共掠夺对象成为具有非竞争性、非排他性的公共物品,最具自然禀赋的个体在保障自身收益的前提下,无暇或者没有必要驱逐其他竞争者,或者公共掠夺对象就是水源这类不可分割的物品。动物界捕食后的集体分享与之类似。这种偶然的合作使得最具自然禀赋的个体与其他个体分享某种利益,尽管很不情愿,但这是非血缘关系个体之间形成共同利益认识的基础。

2) 共同利益的界定

合作必须要有基础,这个基础就是共同利益。共同利益是相对于个人利益而言的,指双方认可的利益。它既可以是超过个人利益的增加部分,也可以是个人利益的全部或者一部分。

共同利益属于价值判断范畴,它只能通过行为的解释意义获得。人与人之间本来没有任何共同利益,但是由于合作行为而获得了行为的解释意义——共同利益。共同利益是由合作行为创设出来的,它是不断变化的。

这种共同利益既可以是物质的,也可以是精神的;既可以是一种现实的利益,也可以是某种预期。社会文化都是创设的共同利益,但是我们不能根据财富、地域、民族、语言、社会分工等随意划分出不存在的共同利益。

共同利益通过合作行为而创设,创设是有风险的,有些共同利益在被创设之后很快被新的创设对象替代,这表明这些共同利益极有可能是不符合实际的,对促进广泛的社会合作是不利的。

3) 公共利益

当创设出集体的共同利益时,共同利益又被称为公共利益,简称公益。

第二章　社会组织的利他性

共同利益和公共利益没有严格的区别，本质上都是创设的价值范畴。

通常用公共利益指代共同体利益。共同体是一个宽泛的概念，一个组织、社区、地区、国家甚至是整个人类社会，都可以分别被看作共同体。作为现实的载体，这些不同层次的共同体都存在着自身的利益。人们参与组织的目的是获得比个人活动更多的利益，因此共同利益是指属于全体成员共同拥有的那部分利益。

拓展知识

亨廷顿的三种取向

4）抽象共同利益的创设

共同利益既可以是能比较衡量的具体利益，也可以是抽象利益。

这里需要澄清的问题是：某些抽象的共同利益，比如自由、平等，是创设的，还是人生而就有的。如果这些基本权利是天赋的，那么以这些天赋权利为共同利益就具有天然的正当性；如果这些基本权利是创设的，那么以这些天赋权利为共同利益就需要加入其他限制条件才能成立。

卢梭认为，自然状态中的人是自由而平等的——没有人天然地拥有对他人的合法权威。这个观点看似正确，但却有疑问，因为它是价值判断，如果不是先考察行为再讨论行为的解释，那么这个命题的论据就是不充分的。

自然状态中的人类行为是自由和平等的吗？支持论者认为，人可以自由选择行为，而且人与其他人在初始状态中看起来没有区别。这是不符合事实的。由前面的论述我们可以推理：人首先受生存环境限制，是不自由的；其次受合作的约定限制，也是不自由的；此外，人的存在本身显然有个体差异，如果将一个强壮的个体与一个羸弱的个体视为平等的，那就是抹杀事实。如果把自由、平等看作人的天然权力，而不是某种状态，那就回到行为与行为的解释意义所讨论的逻辑，行为应该优先于行为的解释意义。

那么为什么仍然有人坚持认为人是自由和平等的呢？自由、平等的行为解释是为了促使合作的约定，自由和平等被当作了实现合作的工具手段。正是因为人需要与其他人合作，然而根据理性所选择的稳定策略是不合作，所以需要约定来保障合作，而约定就意味着每一方都有订立约定的权利，并且其结果应该能被任何个人理性所接受，订立约定的权利就是"自由"的原始含义，能被任何个人理性所接受就演化为"平等"（事实上是不平等的，但是可以通过劝服等方式演化为被他人理解的平等）。

进一步的讨论将澄清其中的问题所在，卢梭（1982）认为，"在自然状态中不存在更高的、有权力要求人们服从或有责任保护人们利益或财产的权威"，对此我们表示赞同，但是在自然状态中那种形式权威的不存在，并不表示如果这种权威存在就具有合理性，反而表示权威就是指那种更高的、要求人们服从或有责任保护人们利益或财产的力量，而这些含义的合理性需要后天的约定。

所以，可以看出人生来是不自由也不平等的，某些人虽然并不具有天然对他人的权威，但是在后天的行为中获得了它。

因此，合作的强迫本质决定了共同利益是根据需要创设出来的，共同利益不是天然就有的。由于人们很难将现实的福利改善与预期的福利改善区分开来，所以共同利益的创设就可以混淆现实的共同利益和预期的共同利益，前者的现实存在虽然可以部分推断后者的实现，但是仍然有潜在的巨大风险，预期共同利益完全可以作为促进合作的工具，而且仅仅需要人们能够接受劝服的逻辑。

5）如何确定共同利益

（1）个人之间如何确定共同利益

两个人的对局各自有各自的标准，认可对方标准的全部或部分就可形成个人之间的共同利益。个人之间确定共同利益要借助于让对方认可的技巧，比如诱导、说服、欺骗等，这些技巧是通过反复沟通进行的，在沟通失效的情况下，他们则求诸暴力。

任何一种方式作为工具都具有两面性，就像双刃剑一样。以说服为例，一种是传播自己认为是真实可靠的信息，比如医生对病人说："如果你现在依旧每天抽三包烟，你就有患肺癌的危险"；另外一种是传播自己故意歪曲、篡改或隐瞒的信息，比如有些广告，没有哪个商家会在酒广告中对酒的负面信息进行传播。

在个人之间确定共同利益，重点是影响对方的认知，只要对方接受了，那么无论是什么都可以成为双方的共同利益。我们经常会借助语言以及非语言的符号来传递信息，为了说服对方，在语言选择、语气语调、形体动作上都会有相应的技巧。

(2) 集体如何确定共同利益

利益概念中最重要的就是评价，个人的评价标准是存在于个人意识中的，当然是选择性和有限性的认知，集体评价标准通过个人选择而成为个人认同的标准。因此，集体确定共同利益的核心是如何左右个人选择。

第一，形成集体意识、集体情感和集体意志。比如，要想使我们这个班级的共同利益变成我们的认知，我们首先要意识到这个班级，伴随对班级的认知形成对班级的情感，在认知和情感基础上形成意志，最后反映出行为，行为就有解释意义了，共同利益就是诸多行为的其中一个解释。

第二，确定个人与个人之间的共同利益。这个过程在上面已经讲过。

第三，将个人之间的共同利益上升为集体的共同利益。这是一个集体与集体博弈的过程，与个人之间共同利益的确定一样，不过过程更复杂。如果人类社会的所有共同体仅仅按个人之间共同利益的方式来确定集体共同利益，那么只会有混乱而不可能有秩序，因为没有最后结果的评价标准。

第四，必须要形成一个选择的标准。这个标准的形成过程是惨烈的，最初标准是暴力的质量，但是明显很多人不认同，因此通过暴力的质量标准形成的共同利益就是一个玩笑，而形成共同利益的目的无非是要达成合作，如果很多人都不合作，这个方法就不是有效的方法，秩序面临动荡。既而将暴力的质量标准转化为数量标准，产生多数人的暴力，这个方法的有效性在于即使标准是错的，也就是说即使共同利益是子虚乌有，也能保证合作组合数量上的优势，秩序趋于稳定。多数决定少数、少数服从多数，我们现在称为民主，它就是暴力的数量标准。人类社会的民主原则就是从共同利益的确定标准中演化而来的。

2. 持续性约定

1) 约定与契约

约定和契约是不同的。契约是两个或两个以上当事人之间具有法律约束力之协议，它是互惠、有条件的承诺，一定程度上是可强制执行的。但是，约定除了表示有条件的承诺以外，并不包含可强制执行和互惠的含义。或者可以这样理解，约定是假设可以实现的承诺。

约定与英国法律体系中的约因（valuable consideration）意思相同，约定是契约的前提。"一个有价值的约因是指一方为换取另一方的允诺，而给予或许诺对方的有价值的东西……任何一个有效的契约都可以简化为这样一种交易：如果我为你做一件事，你就得为我做一些事"（迈克尔·莱斯诺夫，2005）。

如果约定的承诺是可实现的或预计可以实现的，那么持续性的约定就可以促成合作，但不是一切承诺都会确定实现，个人对承诺实现的理解是有差别的，因此，不断地重复信息沟通以实现约定是必要条件。

2）合作的衍生和强化

持续性约定指的是不断地进行有条件的承诺。人们在某项共同利益上达成合作，并不代表在其他方面也同样合作，破坏合作仍然是个人理性的稳定选择策略。比如在共同觅食这件事上，人们在共同参与以获取食物时可以合作，在分配食物时却可能进行暴力掠夺，而且后者并不表示前者的行为是不合作行为。因此，需要对一系列合作进行约定，而不仅仅是单个的合作。

单个合作本身有衍生和强化作用。单个合作中存在的约定，会促使人们考虑它在其他合作中的适用性和限制条件，因此，更多合作会在单个合作基础上衍生；单个合作中存在的共同利益，同样会促使人们考虑这个利益的持续性，因此，合作一旦发生就有增强继续合作的动力。比如信用，信用的实质是对以往遵守合作约定情况的评估，信用提供了博弈策略的概率依据。

虽然一切合作行为都是强迫合作行为，但若个人率先采取合作行为，则将在长期的策略权衡中获得优势，这种优势就是阿克塞尔罗德提出的"合作进化"。个人率先采取合作行为，寻找可以合作的对象，进而形成强迫合作关系。虽然个人主动的合作行为将会带来其他人"搭便车"的后果，单方合作的努力会减少他人合作的可能性，但是由于反复利益权衡的结果是理性、聪明的人最终将选择合作行为以持续增进福利，而不是面临"搭便车"随时下车的风险，因此，合作是可能的，如果合作双方的福利持续增进，这种合作将具有示范效应，促使更多人采取合作行为。率先采取合作行为的人将会受益，他们将成为合作规则的制定者。

3）持续约定的类型

通过反复信息沟通就能实现约定持续性，为了节省反复信息沟通的成本，某些约定上升为规则和法律。合作约定既可以是双方明确告知，也可以是双方根据自己的理解加以默认。

明确告知的是显性约定。法律就是一种显性约定，比如企业与企业之间的供销合同，这个合同受法律保护，具有法律规定的适用范围和效力，这就是明确的约定。双方根据自己的理解加以默认的是隐性约定。

第三节　从个人合作到集体合作

一、集体约定的假设前提：个人权利

集体的约定表现为规则和道德，它们的假设前提是个人权利。

规则和道德被用来约束人的不合作行为，也就是设定行为的界限，明确哪些你能做，哪些你不能做，所以它们必然与个人权利问题联系起来。在分析规则和道德这些约定之前，我们要先讨论个人权利这个假设前提。

如何理解个人权利呢？任何人都没有天然具有的权利，是后天对行为的解释赋予了个人权利的假设，人们关于个人权利的假设是一个关于人自然状态的约定。要注意以下三个基本要点。

（一）个人权利是否定意义上的权利

从个人角度看，个人权利假设的不是个人行为的结果，而是个人行为之前的状态。

个人权利是否定意义上的权利，意思是不能否定行为之前的状态，否定你所拥有的个人权利；但是不表示肯定你行为之后的状态，肯定你所拥有的权利应该得到实现。

我们用一个例子来说明：你快要饿死了，某个人是唯一有食物的人，你能否享用他的食物？答案是不可以。如果我们约定生存权，表示的是不能否定你的生存权。也就是说，假设你拥有这种生存权，这个权利是你的，不是别人的，所以别人不能随便干涉你的权利，别人饿死你是不对的。但是不表示肯定你的生存权应该得到实现，没有人有义务必须为你的生存提供条件，别人没有义务为你提供食物。

所以，个人权利不能以任何理由被认为是应该得到实现的。

（二）个人权利是对他人行为的边际约束

从个人与他人互动的角度看，个人权利假设的是个人与个人之间没有行

为关系之前的状态。个人权利是对他人行为的边际约束,意思是每个人都有个人权利,那么其他人的行为都不能破坏行为关系之前的状态,因此个人权利就规定了彼此行为的界限。

我们用一个例子来说明:歹徒要挟,如果不交出总统,就杀死人质。交还是不交?答案是不交。如果总统有生存权,那么无论后果如何,我们都不能破坏这个状态,因为如果以任何名义破坏了,比如交出总统换来人质的获救,那么都侵犯了这个权利,也就表示我们并不承认总统有生存权。

(三)个人权利的实现必然要求群体合作约定

要实现个人权利,就不可避免地要干涉其他人的个人权利,所以群体必须进行新的合作约定,制定规则以确定怎么干涉、如何干涉。有一个推论是干涉最少的共同体是维护个人权利最多的共同体,这也就是我们常说的"管得最少的政府是最好的政府",这个理念的来源是坚持个人权利的假设。

二、集体的约定

持续性的约定如果不能成为契约,也就是说没有一定程度上的强制执行力作为保障,那么约定仍然会失效。因此,暴力的强制执行应运而生,这时的约定就已经不再仅仅是个人之间合作的约定,而是契约或者规则。

(一)规则与道德

持续性约定的表现形式有三类:可以演化为道德层面,比如良知、社会公德等;也可以上升为规则层面,比如合同、法律;如果难以普遍被接受为显性规则并且与现有道德相抵触,就会成为潜规则和潜道德。当需要赋予某些约定强制执行的能力的时候,这些约定就成为规则,而那些没有统一的、可以变通的或者尚在形成过程中的约定就成为道德的雏形。

1. 规则

制定规则的目的是约束不合作行为。

人类合作初期最简单有效的暴力手段是剥夺生命,这也可以解释,为什么在人类早期的法典如《汉谟拉比法典》《摩西十戒》、罗马法、中国古代法典等之中,大量存在的是对不遵守约定的人的死亡惩戒。当然其他不剥夺生

第二章　社会组织的利他性

命的威慑也是可选的方法,威慑是强制执行的变化形式,一旦表示威慑而不采取行动将会产生更坏的结果。

规则是创设的。马克思指出,"在宗法制度、种姓制度、封建制度和行会制度下,整个社会的分工都是按照一定的规则进行的。这些规则是由哪个立法者确定的吗?不是。它们最初来自物质生产条件,只是过了很久才上升为法律。"

2. 道德

道德是对规则的豁免、容错、补充解释。

最初的道德与规则是同一的,或者说两者并无截然的界限。道德自身在与规则的互动中得到发展。由于规则的暴力威慑力足够强大,人们在规则面前缺乏豁免、容错、补充解释的机会,因而对规则新的豁免、容错、补充解释开始出现,这就是道德。

比如,是否对有其他贡献的人减轻惩罚(豁免),是不是应该废除一胎政策(容错),是否应有尊严地剥夺人的生命、现有规则自身是否也需要约束(补充),如此等等。在规则面前,如果缺乏道德的抗衡能力,人将失去行为的主动性。

3. 潜规则

总有一些行为是规则和道德都难以容纳的,这些行为属于投机行为。为了使投机行为持续获得利益,采取投机行为的人将寻求合作以巩固他们的投机利益,这样就形成潜规则和潜道德。潜规则是一种隐性约定,我们经常听说娱乐圈的潜规则、商场的潜规则,这些规则都是默认的,也是合作的基础。

规则和道德约束的存在,目的是促使个人理性地采取合作行为,避免不合作行为。

当行为发生时,首先求诸规则,但是个人理性仍然有挣脱规则约束的可能。这一方面是规则本身的问题——规则若过于宽泛则难以具体操作,若过于细化则需要不断完善的成本,但规则细化应该成为规则宽泛的前提,而不是相反,例如作为法律的规则,判例基础的部分应该作为援引依据;另一方面是个人行为不合作的本质所带来的问题,大量行为或多或少地违反规则,但是难以在现有规则下被明确界定,个人始终有投机的可能。

在规则约束难以奏效时,人们唯有求诸道德约束,希望获得规则的豁免、容错、补充解释，道德在发挥自身约束力量的同时，也推动了新规则的创设。在现有规则和道德都失效的时候，潜规则将部分取代规则的地位，潜道德将部分取代道德的地位。这是一个螺旋式上升的过程。

然而，并不是所有不合作行为都可以依靠规则、道德或者潜规则、潜道德来约束，创设需要成本，而且也难以无限创设下去，一些普遍性的内容将被保留，另一些将需要被修改或者被废除，这个过程需要人类不断地学习。

(二) 从暴力合作到制度化合作

如果共同体希望持续、稳定、长久地生存，其依赖暴力工具的范围将缩小，程度将有所减弱，这就使通过暴力威胁强迫形成的合作规则开始需要其他规则作为补充。非暴力合作规则是组织制度的发端，就国家来说表现为国家政治制度。

最初组织的建构主要集中在观念层面，考虑的是组织权力的安排，为什么这样安排、安排的合理性、权力的边界等；进而以组织结构的形式将观念落实为可操作的载体；再通过组织结构的运作，强化观念的价值并保证组织存续的物质基础；最后这些经过实践检验的、有利于组织生存的"规则"都将成为规则。

组织一旦有可能单纯依靠暴力工具实现控制，就绝不会有改变这一规则的动力，更不用说增加新的规则。但是社会发展历史表明，在暴力无法容忍的情况下，现有规则将受到挑战。

中国历史上改朝换代屡见不鲜，只不过是不断挑战被统治阶级的容忍程度罢了。而农民起义也是此起彼伏，许多农民起义领袖最终腐化变质，其关键原因是缺乏改变现有规则的动力，创设新规则的成本如此高昂，甚至会威胁到他们已经获得的，因此除非万不得已，在理性选择的情况下就会拒绝改变。

改革主旋律反映的是建立新规则的过程。旧规则也可以促进合作，但只是促进一小撮人的合作，如果没有促进更大范围的合作，那么它的更新就是迟早的事。

各国之间的政治差别，核心是创设规则以及规则运用所导致的合作数量、质量的差别。

第四节 社会组织真的"大公无私"吗？

一、个人与不同组织的合作

人类历史发展的事实表明，如果脱离共同体，人类的存续将不可能，因此国家是必需的，这里主要是指物质的限制。国家的产生意味着人民单方面采取合作行为，是人民强迫国家形成合作关系，这种合作关系在建立之初是人民的完全合作与国家的完全不合作的关系。而当国家存在后就异化为统治者以国家的名义强迫人民形成合作关系，这种合作关系将演化为中间形态，即可能合作可能不合作关系。

人民与国家的合作行为具有特殊性。与个人加入社会组织的自愿性不同，个人与国家的合作是强制的，这种合作没有退出机制。虽然公民能够选择不同的国家，但是一旦选择，就会和某个国家共同体产生合作，且公民没有选择退出的可能性；而在社会组织中，个人可以选择是否退出。

个人加入企业组织中，期望能够获得回报，这种回报通常是货币形式的回报。个人加入社会组织中同样也是需要回报的，只不过这种回报并不以货币的形式呈现，这并不意味着两种要求回报的行为有什么本质区别。利他行为同时受到外部因素与内部因素的激励，外部性的激励来自收益预期，内部性的则依靠生物自激励。对于加入社会组织的个人与社会组织本身而言，内在的激励起到更大的作用。

无论是与何种组织的合作，其合作规律都是相同的，都是一种博弈。同时，不论是组织还是组织中的个人，都要求取得回报，国家、企业与社会组织都不例外，只不过社会组织要求的回报在形式上有所区别。

二、社会组织的利己性

动物利他行为被举例最多的是蜜蜂，工蜂牺牲自己而使得族群获得更多的生存机会。但是《自私的基因》一书提到，生物是为了保证基因的延续而采取利他行为，工蜂自杀性地保护蜂蜜，是因为巢中与它相同亲代的蜜蜂基因有 $1/2$ 与它相同，并且这些蜜蜂子代的基因还有 $1/4$ 与它相同，为了相同基因的利益，它必须做出牺牲。

◇ **社会组织管理** ◇

相比于其他生物来说，人类的利他行为则有很大的不同。其他生物在种群内部的利他行为较为常见，但是不同种群之间的利他行为则是罕见的。人类的利他行为不仅发生在亲缘关系中，而且普遍到亲缘关系之外的一般人。

在人类社会中，具有亲缘关系是个体选择利他行为的主要原因之一——你为什么帮助你的兄弟，因为他有1/2基因与你相同。几乎所有利他主义的实例和大部分观察到的合作行为都发生在密切的亲缘关系中。但是人类还有另外的情况，人类的利他行为还会发展到亲缘关系之外去。我们帮助一个完全没有血缘关系的人，这是亲缘选择理论无法解释的，而且从种群和整体的角度无法解释个体怎么能考虑到种群的利益。

人类之所以能将利他行为发展到非亲缘关系中，这是认知的结果。生物都有适应环境的策略，科学研究表明，一个细菌、病毒都能与它周围的其他有机体互相影响，人类当然也会互相影响，问题的关键在于人类具有理性。人有意识、认知、记忆、思维、想象、情感等复杂的心理活动，这使得人与人的行为博弈更复杂。

人类理性的核心是经济理性，也就是反复的利益权衡，而行为是权衡之后的结果，这种反复利益权衡的本质是基于回报预期。当预期的回报可以接受时，行为才能产生。利他仅仅是行为的其中一个结果，行为的原因却是唯一的，那就是经济学的基本假设，人不会做对自己不利的事情。

社会组织在组织宗旨上的利他性是从整体的角度论证的，问题是，从整体的角度出发无法解释个体的行为怎么能考虑到整体的利益。一个捐钱救助失学儿童的人有多种原因可能产生这种行为，可能是单位派的，可能是出于慈悲，可能被人救助过想回馈，可能是打赌，如此等等，但是有一点是肯定的，个体是在比较各种行为方案后选择了最有利于自己的行为，比如单位派的，不捐怕别人笑话、不捐自己良心受责等。利己仍然是最根本的原因。

社会组织在成员行为上的利他性是从志愿者角度论证的，表面看来志愿者或其他类型利他主义者助人不求回报，但是回报不仅仅是狭义的物质利益，也可以是广义的精神回报，志愿者信念的实现就是一种回报。我们可以认为，社会组织的成员在满足自己精神回报的同时，产生了行为的正外部性，组织中所有成员广泛地追求回报的行为在不经意间形成了公益性。利他的背后仍然是利己。

第二章 社会组织的利他性

组织的形成是人类合作的结果。从组织整体层面看，一切组织都具有利他性（利他对象有所差异），但是如果将组织看作个体的组合，那么社会组织也具有自身独特的组织利益，组织的利己性就体现在实现这些独特的组织利益上。

从这个角度来看，社会组织并不是"大公无私"的。因此，我们不能因为社会组织非营利的宗旨对其进行道德绑架，不论个人或组织是出于何种目的从事公益活动，都最终造成了利他结果，利己与利他不是完全对立的，是可以同时存在的。慈善组织并非"菩萨转世"，需要我们以平常心看待。过度的道德绑架、要求社会组织绝对的无私奉献不利于吸引专业人才和社会组织的持续发展。社会组织与其他组织在利己性上没有不同，不能因为它从事公益活动就将其放入道德高地，不能影响社会组织接受正常的社会监督管理。

第三章　社会组织如何发挥作用？

1991年，温州市鹿城区率先成立烟具行业协会，市政府也赋予烟具行业协会率先行使企业审批、产品质量检测、制定最低保护价等职能，其中重要职能之一是维权。2003年，在温州企业欧盟反倾销事件采访中，会长周大虎介绍，温州打火机企业在全国有100多项发明创造，要申报成国家专利起码要半年时间，为了防止在这段时间内出现侵权，烟具行业协会自己订了一个制度，行业内自己认定专利，以对专利进行保护。

温州市烟具行业协会出台的一份只有3页纸的"维权公约"解决了过去政府认为是老大难的问题。这份公约制订了"业内专利"的标准。维权工作先由企业到协会登记注册，经协会调查和测试合格后，并经理事会核准，在当地报纸上刊登权益公告，发给权益证书。许多外商订货时很注重产品是否具有完全专利保护。协会成员若有违规，必须接受协会砸毁模具和没收成品的处罚，这样就使新产品得到了行业准入的保护。

烟具行业协会的副会长黄发静回忆，打火机行业在温州刚刚起步时，一有新产品出来，大家就竞相仿冒、相互压价，使大家最后都没钱可赚。于是烟具行业协会出面制订行业公约，并成立维权工作委员会。谁仿冒，就砸谁的模具，没收谁的产品。这些事都是协会派人来做。除非碰到有暴力倾向的，才求助工商、公安等执法部门。后来制笔协会、制锁协会等都竞相仿效。

社会组织的职能是如何产生的？产生之后是否还会发生变化，如果会，又是依据什么发生变化的？这些职能又是通过怎样的方式实现的？

第一节　社会组织职能的产生与界定

通常意义上，社会组织的职能是与政府职能及经济组织职能比较而言的，即社会组织承担的社会职能，包括自组织的社会管理、参与国家的公共管理。需要注意的是，社会组织的功能与职能是不同的，职能是功能的具体

第三章 社会组织如何发挥作用？

化。社会组织的功能，是指社会组织作为以志愿方式提供公益或互益服务的组织在社会生活中应有的作用。这种作用是通过自组织的社会管理来形成一定的社会秩序，并使组织成为实施阶级统治的辅助工具。

社会组织的功能产生于社会的本质特征，社会的本质特征是形成合作关系。对于任何历史时期的任何性质的社会来说，社会组织的功能都是相同的，但是功能的实现方式和途径却有很大的差异。社会组织职能是社会组织功能的具体实现方式，为了形成一定的社会秩序，社会组织的职能需要适应社会发展需要，调整管理对象和方式。社会组织的职能不完全来自社会的本质，它与公共权威的管理需要有着密切的联系。

尽管社会组织职能来自公民自我管理的客观需要，但仍然受到在政治上居于统治地位的阶级的影响。社会存在对自组织管理的客观需要和统治集团对此作出的政治选择，是社会组织职能形成和确定的不可分离的两个方面。

社会的发展与进步，归根到底来自社会内部的活力。社会在一定程度上有自组织的需求和能力，这种需求和能力是国家以及其他类型组织产生的基础。社会内部的矛盾、分歧、冲突，一般通过社会自身的机制解决，这种机制的核心是行为的博弈，它可以导致合作状态的出现，形成大家认可、接受的新秩序，从而推动社会的发展，这是社会自身的运作逻辑。但是，随着社会发展到一定程度，行为博弈的结果需要足够的公共保障，这种保障需要强大到能够约束投机行为，仅靠社会自身的机制难以形成新秩序，因而必须依靠公共权威。这就产生了如下要求：将社会自身机制难以解决的问题，移交给拥有强制力作为后盾的公共权威来解决，以求形成新的正常秩序，避免出现危及社会发展的严重后果。

人们是否将某项社会事务纳入公共管理范围，取决于这一事务是否失控、是否会危及社会的广泛合作。一旦人们将这种公共事务委托给公共权威，统治阶级就会利用公共权威制定有关公共事务的法律法规，从而与人们自己管理自己的约定区别开来。出于实施政治统治的需要，统治阶级会根据自身的主观意愿和判断区分两种不同的社会事务管理的边界。

拓展知识

中国社会组织职能的形成

社会组织职能有多种划分方式，最有价值的划分是将社会组织与政府组织进行区别的职能划分。政府的基本职能是统治职能与社会管理职能两种。社会组织的基本职能也分为两种类型，即自组织的社会管理职能和参与国家的公共管理职能。

一、社会管理职能

社会组织的社会管理职能主要包括两个方面：一是使孤立的个人组成社会，二是通过自我服务使社会运转起来。社会组织属于自助组织，它通过自我管理的方式使社会建构起来，使单个的人之间互相合作而成为社会的人，这是公民社会化过程。自己组织起来的社会个体，通过自我服务的方式提供特定的公共服务，满足成员对于公共利益的需求，这是公共物品的自我供给过程。公民社会化和公共物品的自我供给是社会组织社会管理职能的主要内容。

（一）公民社会化

社会组织的公民社会化是指社会组织通过组织活动来达到文化传播、态度演进、个体社会理念内化的目的。社会体系要取得其合法性基础，就必须让个人逐渐学习和接受现有社会制度，其内容包括社会信念、思想体系、制度规则和政治态度等，所有社会组织都承担着公民社会化的功能，参与社会组织是公民社会化的重要途径之一。公民社会化的主体包括政府组织、营利性组织、社会组织等。公民社会化是一个双向互动过程，主要实施方式是强制、协商及教化等。社会组织主要通过协商和教化的方式实现公民社会化，这与政府通常使用的强制方式明显区别开来。政府与公民互动和交流的基础是地位的平等性，政府长期以来的政治文化"教化者"身份，妨碍了公民对理念的主动学习和内化，并且使政府所倡导的社会文化不能及时地得到更新和丰富。社会组织实际上已经成为民主价值社会化的重要载体。社会组织的社会化适应了多元社会利益格局的现实，政府可以通过社会组织实现社会理念的"个人自主性"。个人在社会组织中形成的社会理念有些是狭隘的、短浅的，但是这并不意味着它们的存在是不合理的，只有在比较中，个人才能最终内化社会理念，并积极地按照社会理念进行社会活动。

（二）公共物品的自我供给

社会组织承担的职能之一是公共物品的自我供给，这种自我供给是公共物品集体支付之外的额外支付。在本书的第二章我们指出，组织是个人合作的产物，组织的存在目的是克服个人的投机行为，个人通过组织的制度化而节省相互约定的成本。社会组织是社会体系中通过志愿方式提供公益或互益服务的组织，这就使它成为与营利组织、政府组织区别开来的第三种组织类型。这类组织成为私人物品供给、强制性公共物品供给之外的志愿公共物品供给主体，社会体系中这种分工的目的是提高整体的社会福利水平。

对社会成员而言，有两类事件的差别对于研究社会系统的活动十分重要。第一类事件仅对控制事件的行动者产生影响；第二类事件对控制事件的行动者之外的其他人有外部影响，即存在外部性，包括负外部性和正外部性两种。

如果行动对他人产生负外部性，被影响者的利益就会受损。在这种情况下，双方都难以通过自身来协调收益，一方改善收益的行为带来的是另一方既有收益的受损，所以，双方需要就行为进行约定，以便主张各自的收益并确保实现。当负外部性波及更多的行为者，就需要通过集体约定来避免或减轻行为的负外部性，这类集体约定以禁止性约定的形式来约束某些行为。由于这种约定需要通过强制的方式实现，这就要求一个能够实现强制的、被约定各方都认可的组织来承担，这种组织就是政治共同体。国家的核心功能就是为了避免或减轻其他政治共同体和共同体内部的行为负外部性，提供对其成员利益的保护。如果行动对他人产生正外部性，被影响者收益增加。核心的问题是利益的成本支付问题，即每个行动者怎样通过自己的行动，促成正外部性物品产生。但是具有正外部性的私人物品和公共物品，其成本支付是不一样的。

不同于受益对象明确的私人物品，公共物品的受益对象是模糊的，自私的行动者可以选择搭便车而拒绝参与公共物品的提供，因此，公共物品出现的条件是吸引到足够的行动者共同提供。此外，由于公共物品对于个人来说是不需要付出成本的收益，因而公共物品的消费存在拥挤现象。当公共物品由于拥挤消费而无法正常提供的时候，任何个人的正外部性行为都无法抵消公共物品缺失的利益受损。虽然部分公共物品的供给可以通过个人对收益的需求自发地产生，但是由于存在搭便车以及拥挤消费现象，仅仅依靠个人自发提供，公共物品的供给是不充分的，因此，就需要集体约定以保障公共物品的供给。它是通过强制性供给和鼓励正外部性行为两种方式来实现的。国家的其中一个重要功能就是稳定或扩大政治共同体的正外部性效果，提供对其成员的公共服务。个人之间形成集体约定的目的是避免或减轻负外部性效果、获得稳定或扩大的正外部性效果，而集体约定的结果是形成组织，因而这也是各种社会组织成立的基本目的。

社会组织的宗旨是实现非营利的公益或互益，它有足够的动力提供公共物品。公共物品的提供是需要成本的，只不过这些成本由公共权威强制买单或者由公民组织志愿买单。公共权威强制买单相当于集体支付，公民组织志愿买单属于额外支付，在集体支付不能满足成本需求的情况下，额外支付就成为必要的补充形式。因此，社会组织的主要作用是保障集体支付不足情况下的救济，从而保障公共物品的供给。

二、公共管理职能

社会组织公共管理职能是通过对成员利益的整合，形成对公共事务的影响，满足成员在自我管理基础上对于秩序的诉求。社会组织具有与政府类似的意志表达、利益聚合职能，只不过社会组织的这些职能并不具有强制性特征，这就使社会组织与政府之间在公共物品的供给上形成了竞争关系。强制与志愿机制的同时存在，使社会组织具有了与公共权力相对应的社会权力，社会权力就成为公共权力的制约力量。公共意志表达、群体利益聚合、行政权力制约是社会组织公共管理职能的主要内容。

（一）公共意志表达

意志表达就是表达个人或组织的利益诉求。人类之所以进行各种社会活动，归根到底都是为了自身利益，最终是为了满足需求。因此，公民在现实社会中需要主张自己的利益，并通过合法的劳动来实现自己的利益。

利益具有不同的层次。根据利益主体的不同，可以将利益划分为国家利益、集体利益、个人利益等。现实社会中的个人利益最为具体和实际。个人利益在社会中是以一种分散化的形式存在的,这种存在方式并不利于利益的维护和表达,因此,集体利益应运而生。利益集团是集体利益的组织形式,社会组织就是由一些具有相同或相似利益诉求的人为争取、保障自己的权益而结成的团体。

目前,国家仍然是人类聚集生活的最重要的单位。国家机器不仅能够有效地建构稳定的社会秩序,为个人利益、集体利益的实现提供保障,而且能够通过更大范围的资源配置而提高个人利益、集体利益的总体水平。但是,不同性质的国家存在不同性质的国家利益。中华人民共和国建立以后,政治上逐步消灭了剥削阶级,确立了人民当家作主的社会主义政治制度;经济上逐步消灭了私有制,确立了以公有制为主的社会主义经济制度。这是我国国家利益至上理论存在的基础。根据国家利益至上理论,个人利益、集体利益必须服从国家利益,必要时可以牺牲个人利益、集体利益,以维护国家利益。在西方多元民主国家,个人利益、集体利益、国家利益既有一致性,也存在矛盾。即使国家利益与个人利益、集体利益之间存在矛盾,那也是以尊重集体利益、个人利益为前提,个人意志的充分表达是民主社会的基本要求。

国家利益与集体利益、个人利益相比较并不具有天然的优势地位,国家利益与集体利益都是个人利益在不同层次、不同范围的表现形式。首先,国家利益是相对于个人利益、集体利益来谈的,没有个人利益、集体利益,也就没有国家利益,如果抹杀了个人利益、集体利益的实现空间,国家利益就失去了合理性。其次,国家利益是在个人利益、集体利益的基础上形成的,国家利益实质上是更为宏观、更为长远、更为抽象的集体利益,是无数个人利益得以充分整合的产物。最后,国家利益不应该有先验的标准,如果个人利益、集体利益没有充分的表达空间,就会导致个体和集体主观上揣度国家利益,从而践踏国家利益。

(二) 群体利益聚合

利益聚合是指把分散、零碎的个体性利益要求集中、归纳和提炼为整体的、全面的利益要求,从而使之与整体利益要求紧密地结合起来的过程。个人利益、集体利益是千差万别的,个人利益、集体利益的主张如果不能获得其他人、其他集体的认可,就只能是孤立的个人利益和集体利益,难以得到维护。个人利益、集体利益在获得其他人、其他集体的认可后就成为公共利益的一部分，公共利益的实现是个人之间、集体之间博弈的结果。在现代社会中，利益聚合集中表现为建制化的组织对公共政策的影响过程。

公共政策的本质是对社会利益所作出的权威性分配。在多元民主社会，公共政策的形成实际上是各种利益集团把自己的利益诉求投入到政策制定系统中，由政策制定主体依据自身的利益需求，对复杂的利益关系进行调整的过程。

分配社会利益，公共政策就必须具有使政策作用的对象服从的权威性，而政策的权威性与政策的合法性紧密结合在一起。在以往，政府的合法性主要来源于传统和个人魅力。但是由于宗教世俗化的普及、统治者个人魅力的非承继性，在现代社会里，政府的合法性基础发生了变化，传统和个人魅力的合法性资源让位给第三种类型的合法性，即法理型统治。这种合法性资源由一系列法律制度构成，而法律制度能成为政府合法性的基础，其根本的原因是民众对规范自己的制度的认同。

公共利益不可能兼顾到所有人的利益，而只可能是集中性的利益。当前我国正处于社会转型时期，个人在市场化的过程中逐步脱离原来的单位属性，而归属于不同的阶层和利益集团，个人利益能否得到充分维护逐步取决于集团发育程度与组织程度。与西方国家相比，我国利益集团具有自身的特点：一是与具有法定权威的体制内单位组织界限模糊，可以看作"准单位"；二是多元化程度不充分，我国人数最多的各类社会弱势群体和弱势阶层，由于经济贫困、居住分散，以及农业文明沉淀下来的小农意识等，难以形成现代意义上的利益集团，其利益聚合能力极为低下。

社会组织的存在可以增加"扩大化的自我利益"，并使人们认识到自我利益可以通过别人利益的实现而最大化，社会组织成为利益实现的重要载体。社会组织在利益聚合上的优势，使它作为个人利益的代言人和协调者参与到政策过程中，很大程度上改变了参与的质量、层次和力度，使之更加秩序化、制度化、理性化。

（三）行政权力制约

社会组织的权力制约功能是指通过社会对政府的制约来防止政府权力的

第三章 社会组织如何发挥作用？

滥用。在民主国家，尽管在体制内建立了权力制衡机制，但是权力仍然得不到有效制约。制约权力的最强大的力量不是来自体制内部，而是来自体制外授权给政府的人民。然而单个的人是没有力量与政府抗衡的，个人只有结成有机的整体即成立社会组织，才有可能抵制来自政府的强权，才能实现制约政府的目的，这也就是从"权力制约权力"观念到"社会制约权力"的观念。

现代自由主义认为国家是"必要的邪恶"，国家之所以必要，是因为公民社会需要国家调停其内部利益冲突、保护其安全及完成公民社会所无力承担的公益事业。国家是邪恶的，若无外力制止，国家权力和国家活动范围将无限制地扩张下去，从而危及个人自由和权利。因此，自由主义者主张以公民社会来制衡国家，划定国家行动的边界，限制国家权力的扩张。公民社会的存在提供了社会制约权力的途径，社会组织成为制约政府权力的力量之一。

社会组织在运作中所体现的功能价值，取决于政府与社会的关系模式，即政府与社会的力量对比关系。今天的社会组织无论在组织规模还是在提供信息的质量上，都有了显著的提高。社会组织可以提供那些营利性部门因为无利可图而不愿提供、政府因为缺钱而不能提供的服务。

政府让渡出去的许多公共服务是由社会组织提供的。随着公共服务产品的提供，社会组织的重要性也与日俱增，社会组织开始不再局限于简单的补充者身份，而力图影响政治决策过程。当然，这种影响应该是有条件的，只有在国家政治回应性和社会组织自律性显著提高的基础上，广泛的政治介入才是可能的。

社会组织是从政治权力外部对政治权力的运行及其结果进行监督的强有力的社会力量，这种监督本质上把政治与道德联系起来。

虽然社会组织具有对政府的制约功能，但这并不表示二者没有合作，对社会组织制约功能的另一个理解是社会组织与政府的合作治理，"与统治不同，治理指的是一种由共同的目标支持的活动，这些管理活动的主体未必是政府，也无需依靠国家的强制力量来实现"，社会组织承担起社会的某些管理职能，或与政府机构合作共同行使某些社会管理职能，这样就真正达到一种社会治理的局面，并且这种治理是一种使公共利益最大化的社会管理过程，是一种政治国家和公民对公共生活合作管理的新型关系，即"善治"（good governance）。

第二节 社会组织职能的转变

我国社会的每次变迁都必然产生社会组织职能转变的情况，它与当时的社会发展所形成的客观需要相关，也与社会组织结构形式相关。社会发展的不平衡也会影响社会组织履行职能。这种影响不仅表现在所承担职能的具体内容上，也表现在履行职能的深度、广度与方式上。各种社会组织的具体职能差异明显，即使是同类社会组织，它们在职能内容、职能重点上的差异也非常明显。经济发达地区的社会组织活跃程度远远大于经济欠发达地区就属于这种情况。

社会组织的职能随着实践的发展不断发生变化，某个时期主要侧重社会管理职能或者其中某个方面，某个时期主要侧重公共管理职能或者其中某个方面。这些变化是由具体的组织发展状态和组织环境决定的。

一、中国社会组织活动环境的变化

中国自1978年实行改革开放以来，在许多方面都出现了一系列变化，社会组织活动的政治、经济、文化等环境也都发生了深刻的变化。以下几个方面对社会组织的活动产生了重要影响。

1. 从计划经济体制向社会主义市场经济转型

经济是社会的基础，经济运转机制更是推动社会发展的活力。从计划经济体制向社会主义市场经济转型，影响所及并不限于社会的经济生活领域，而是深入到整个社会的各个领域，导致社会行为规范标准、观念的改变，要求社会组织相应地进行管理方面的改革。

2. 多元化的所有制结构体系

个体所有制、具有一定规模的私人所有制，以及以股份经济形式呈现的混合所有制都有了很大的发展，非公有制经济比重逐步超过了公有制经济比重。多元化的所有制结构导致社会需求的多元化、利益的多元化。在这种情况下，传统的人民团体等社会组织集中控制性利益表达方式已经不再有效，各种利益组织需要竞争性地表达合理诉求。

3. 社会基层组织体系的恢复

我国农村和城市的基层自治组织普遍恢复和重建，截至2019年底，全国基层群众性自治组织共计64.3万个，其中：村委会53.3万个，村民小组419.3万个，村委会成员218.0万人，居委会11.0万个，居民小组145.6万个，居委会成员59.6万人。这些基层自治组织通过自我管理、自我服务逐步取代了国家的部分社会管理职能。

4. 新型社会问题的出现

随着社会主义市场经济的完善和发展，市场经济运转必然对社会生活的诸多领域产生影响，导致新的社会问题或使原来的某些社会问题变得复杂和尖锐，社会主体之间出现各自不同的利益诉求，客观上要求不同的利益代言人。比如随着城镇化进程的加快，农村人口大规模地向城镇转移，农民工群体无法在原来的基层自治组织中获得帮助，就迫切地需要成立维护和保障自身利益的新型社会组织。再如因为社会贫富差距拉大、城市污染问题日益严重，某些群体已经不满足于现有的诉求渠道，更加希望社会大众都来关心此类公共问题，于是就需要成立新的社会组织来承担这些职能。总之，诸多社会问题若没有利益的组织化、制度化传递渠道，就可能影响社会稳定，而原有的组织化、制度化渠道已经不再有效，于是新的社会组织开始出现。

二、中国社会组织的职能转变

中国的社会组织长期侧重公共管理职能，作为政府的辅助工具，承担了国家整合社会利益诉求的职能，这是国家政治职能的变化形式。由于全能国家的体制，社会组织的社会管理职能、公共管理职能与国家的社会管理职能、政治统治职能同一化。

随着后整体性社会的来临，我国社会结构正在经历前所未有的巨变，传统社会组织与政府职能同一化的情况已不符合实践的需要。社会组织作为国家社会管理职能的承担者与政府、企业产生交叉，所应承担的国家政治职能无法实现，因此传统社会组织有必要进行区分和细化，转变职能的任务非常迫切。

中国的社会组织法人包括企业单位、事业单位、社团组织，如果按西方学者非营利组织概念来界定，中国的社会组织主要包括从事普遍公益事业的

◇ 社会组织管理 ◇

事业单位、社团组织、基金会、民办非企业单位、基层自治组织等。中国社会组织的问题首先是区分各类单位组织的问题，只有在区分基础上才能对社会组织进行归类管理，而在这些组织中，组织性质最复杂的是事业单位，所以中国社会组织职能转变首先从事业单位改革开始。

2011年3月，《中共中央 国务院关于分类推进事业单位改革的指导意见》（以下简称《分类改革指导意见》）出台，配套出台的还有涉及分类、编制、法人治理结构、财政政策、国有资产管理、收入分配政策、职业年金、行政事业单位、经营事业单位的九个指导意见。

在《分类改革指导意见》中，核心内容是按照社会功能将现有事业单位划分为承担行政职能、从事生产经营活动和从事公益服务三个类别。对承担行政职能的，逐步将其行政职能划归行政机构或转为行政机构；对从事生产经营活动的，逐步将其转为企业；对从事公益服务的，继续将其保留在事业单位序列，强化其公益属性。

在公益事业单位中，又细分为两类：承担义务教育、基础性科研、公共文化、公共卫生及基层的基本医疗服务等基本公益服务，不能或不宜由市场配置资源的，划入公益一类；承担高等教育、非营利医疗等公益服务，可部分由市场配置资源的，划入公益二类。

2014年5月，《事业单位人事管理条例》公布，这是我国第一部系统规范事业单位人事管理的行政法规。2015年1月，《机关事业单位工作人员养老保险制度改革的决定》出台，改革机关事业单位工作人员养老保险制度，破除养老保险"双轨制"，逐步建立资金来源多渠道、保障方式多层次、管理服务社会化的养老保险体系。

目前改革仍然在进行，各省、自治区和直辖市都出台了相关配套文件。事业单位改革的目的是将具有行政属性、企业属性的事业单位与具有公益属性的事业单位区分开来，并将后者细化为财政包干、财政与市场结合的两类。改革的这种设计，依据的是政府与市场二分逻辑，这与我国目前社会自组织能力弱密切相关，是一种渐进的、符合实际的改革。

至于其他类型的社会组织，我国农村地区已经进行了多年的基层民主自治，城市社区建设也在发展之中；一些基金会组织通过广泛的国际交流，模仿和复制了西方基金会的运作模式，已产生重大的社会影响；民办非企业单位的改革与单位的分类管理同步进行；社团组织的改革可能是最后需要关注的类型，因为这与政治系统的安排有密切的联系。

我国社会组织职能转变问题可以看作是政府职能转变的副产品。由于单位制的结构与政府、市场二元体系不匹配，因此，当前的首要问题是调整单位制结构，重点是事业单位改革；其次是社会力量的培育和引导，重点是提高社会组织承担社会管理职能的能力；最后是形成符合中国国情的政府与社会组织的社会治理关系。

第三节　社会组织职能的实现

社会组织自组织的社会管理职能和参与国家的公共管理职能的实现主要是通过横向的社会动员机制及纵向的政治参与来实现的。

一、横向的社会动员机制

个体参与集体行动的前提是信任关系的存在，合作是信任的基础，互惠关系网络是人际合作的基础，社会组织的横向平行结构使得组织成员之间的信任关系更加稳定，因而能够提供更为有效的动员机制。横向的社会动员机制使得个人的行为发展为集体的行为。

（一）信任

本书第二章中已经提到，人们需要通过创设共同利益及约定来形成合作，行为预期是判断是否继续进行合作的基础。在行为预期中，如果我们假定对方下一步是不合作，我们也不合作，这是不合作行为；假定对方下一步是不合作，但我们为了获得收益而继续选择合作，这是合作行为，但缺乏信任；假定对方下一步是合作，但是我们不合作，这是投机行为；只有假定对方下一步是合作，我们也采取合作行为，这才有了信任。

信任的目的是简化人与人之间的合作关系，是一种对于进一步合作的正面预期。信任他人意味他人有投机的主动权，也就必须承受容易受到对方行为伤害的风险，所以承担容易受到伤害风险的意愿是人际信任的核心。个人承担容易受到伤害风险的意愿越强，对他人的信任也越强；反之，个人承担容易受到伤害风险的意愿越弱，对他人的信任也越弱。

信任（trust）、信用（trustworthiness；credit）、信誉（credit；prestige）是类似的一组概念。信任是个人的风险承担意愿，信用是个人既往合作行为的他人风险承担意愿比例，信誉是信用的社会评价。社会中的个体如果没有基本的风险承担意愿，那么他就不会信任别人，从而难以获得别人的信任，也就是缺少信用，社会评价就会偏于负面，也就是信誉不佳。

在个人合作博弈中居于优势地位的个体更容易信任别人，原因是他比另外的个体在风险承受能力上更强，因此，风险承受意愿也就越强。社会弱势群体之所以比社会其他群体更难信任他人，原因是他们的风险承受能力更弱，因此，风险承受意愿也就越弱。

（二）合作是信任的基础

每个人都不愿意承担容易受到伤害的风险，除非承担风险的收益大于不承担风险的收益。个人之间最稳定的博弈状态是所有人都不合作的状态，也就是所有人都不单方面合作，因此也不会受到对方投机的伤害。

在第二章的讨论中，我们指出，合作需要两个基本要件——共同利益和约定。自然演化的分享机制提供了合作的第一个基础要件：共同利益。人们在共同利益基础上的约定使合作成为现实。合作产生后的继续合作就出现了信任问题。

合作会带来更大的收益，但是在人类理性认识到合作比不合作更有价值之前，持续的合作是不可能的。个体之间的合作是在双方忍受了至少一次不合作的惩罚之后，其中至少一方改变初始状态选择合作，进而克服合作投机行为，通过约定来保障双方共同利益的情况下才能产生。另外，为了避免更坏的局面，出于回报的合作在非血缘关系中发展起来。

因此，有合作不一定有信任，但是没有合作一定没有信任，合作是信任的基础。人类社会的存在是合作进化的结果，在越来越广泛的合作中，人类分享着越来越多的自然物品和生产物品，这就形成在自然物品和生产物品上的共同利益基础。社会组织是社会众多合作组织的一种，在社会组织中人们可以通过极少的代价而获得分享的收益，此类组织的非营利宗旨所创设的共同利益更能被人们所认可。因此，人们的主动合作意愿会更加强烈，合作行为更加容易发生，进一步合作的意愿也将得到强化，对进一步合作的正面预期也就越强，人们的信任关系也就越强。

（三）交换关系与信任

人与人的关系构成社会关系，社会关系的运作是通过社会交换来实现的，合作的表现形式就是各种交换关系。人们通过交换关系而获得行为的正向激励和负向激励，这种交换关系的本质由经济关系决定。信任有一个发展过程，人们的信任关系是从不信任到有限信任，逐渐发展到长期信任的。信任的发展与交换关系的经济属性变化紧密联系，人们交换关系中的经济关系决定了信任关系。如同交换关系是相互的一样，信任关系也是相互的。

交换关系有两种：一种是对称交换，交换双方认为交换的价值是相当的，双方都获得应得的收益，个体之间的收益大致均等；另一种是不对称交换，交换双方认为交换的价值是不相当的，一方从中获得更大的收益。

在对称交换关系中，合作使双方得益大致均等，双方的交换行为获得收益带来的正向激励，并预期下次对方也会因为获得收益而合作，个人会继续重复这一行为，这就是正面预期，也就是信任。这属于主动的合作信任关系。频繁的对称交换关系可以使正向激励得到强化，持续的信任由此发生。

不对称交换关系中的信任有一个从不信任到有限信任的发展过程。不对称交换关系当然也可以形成合作，但是这种合作不能形成信任，原因是它破坏了个体对下次合作的正面预期。当人们没有其他更好的选择，或者忍受了多次不合作的损失后，发现虽然没有信任，但是合作能够增加个人收益，因此会被迫接受它。这是被动合作没有信任阶段。

而一旦个体接受了某种不对称的交换关系，在没有其他可选项的情况下，有限度的信任是必需的，也就是说必须有一定的正面预期。个体无法将个人收益与不对称交换分离开来，因为收益就是不对称交换的结果，你不能仅仅接受个人收益却拒绝不对称交换，两者是一个统一体，因此，你可以预期的是下次合作还有收益但仍然是不对称交换，至少合作的个人收益是可以正面预期的，这就从不信任发展到有限信任。这种有限信任是建立在个人收益增加的基础上的，这是主动合作有限信任阶段。

不对称交换关系不可能建立经济利益基础之外的信任，只有对称关系才有可能建立经济利益之外的信任。因此，建立社会的对称交换关系是建立社会信任体系的关键。反过来说，消除社会的不对称交换关系是缓和社会信任危机的途径。对称交换关系反映的是平等的经济关系；不对称交换关系反映的是不平等的经济关系。

社会组织提供公益或互益产品，由于只需要很低的成本就可以获得收益，被服务对象花点时间到指定地方就可以获得具有经济价值的产品，交换关系的不平等性就被极大地降低了，个人受到对方行为伤害的风险很小，几乎可以忽略。所以，个人的正面预期很强，很容易形成对社会组织的信任。这是社会组织活动能够吸引社会服务对象广泛参与的原因，并因此具有了社会动员能力。

但是，社会组织的服务并不是没有成本的，社会组织需要筹集足够的资源来提供服务，在这个过程中，捐助人和志愿者的信任也是建立在交换基础上的，社会组织主要用价值理念、公共产品等来交换资源，捐助人和志愿者用资源交换个体偏好，组织价值理念与个体偏好之间是否相称是问题的核心。个人的偏好是千差万别的，虽然他们偏好并不一样，但总有一款适合你，这是社会组织能够吸纳社会民众的原因，并因此具有了社会吸纳能力。

给予是容易获得信任的，因为对方几乎没有受到给予行为伤害的风险；但是只要是索取就必须不断证明交换是平等的，因为对方要承受被索取行为伤害的风险。所以，社会组织需要不断表明组织很好地实现了组织价值理念，或者吻合了捐助人和志愿者的个体偏好，这是在不断表明双方的交换是平等交换，以此来赢得捐助人和志愿者的信任。

社会组织的信任危机大都不是发生在受援助的人群中，而是发生在捐助者那里。一旦捐助者的信任度降低，信任就会传导，因为这已经足够改变所有人的正面预期了。

(四) 互惠关系

只有在对称交换关系基础上的合作才可以形成广泛的信任，这种对称交换关系就是互惠。

1. 中西方在互惠理解上的差异

西方社会是契约社会，其信任关系建立在对称交换制度建构的基础上；中国社会是人情社会，其信任关系建立在对称交换的人情连带和理性计算的基础上。

中西方社会网络的结构基础不同决定了各自社会的信任内涵并不一致。西方国家的结构基础以权利义务界限下的个人利益为主；中国则以社会等级界限下的自我利益为主。西方的信任是个人利益的比较概念，个人利益是一种对现实占有权利的描述，收益增加是信任的前提，个人利益的相对概念是公共利益；中国的信任是自我利益的比较概念，自我利益是一种包含了对过去、现在甚至未来综合收益的描述，收益被看作动态的均衡过程，自我利益的相对概念是他人利益。

中西方对信任的互惠理解是非常不同的。在西方，互惠是比较明确的即时交换收益，这种收益要求一次性、对等性、规范性、排他性，也就是说，互惠双方不会将交换行为之外的社会地位、道德义务等加入进来，交换就是交换本身。在中国，互惠是模糊的综合交换收益，这种综合收益要求长期性、不对等性、伦理性、非排他性。每次交换都意味着需要综合评价过去、现在及未来相关互动行为的损失和收益。

2. 中国社会对互惠的理解

中国社会对互惠的理解，具体说来，有如下特点。

1) 互惠关系的长期性

只有长期的互动交换才被看作互惠行为，互惠意味着关系双方长期的综合利益交换。

2) 互惠关系的不对等性

由于互惠是模糊的综合交换收益，所以，互惠的具体行为并不要求每次交换的对等性，某次交换的损失可以由以前或今后交换的收益进行补偿，而且要求对等性被认为是不信任对方未来会给予综合交换收益的表现。

3) 互惠关系的伦理性

由于互惠不是即时交换收益，很难用某种明确的强制约定来规范每次交换行为，每个人希望交换的未来收益都是不一样的，所以，只能借助于模糊的软性约定。为了保障模糊软性约定的执行能力，还需要借助于群体压力、基层权威、有限度的暴力等形式。依据强制约定来维系的社会是法理社会，而依据模糊的软性约定来维系的社会就是人情社会，是伦理性的。

4）互惠关系的非排他性

由于通过个体之间的约定无法形成有效的互惠，互惠需要借助个体之间的第三方来保障，所以，互惠关系是非排他性的。订立软性约定的不再是个体自身，而是与个体自我利益有关联的综合体，这个综合体就是中国人的差序系列。

（五）平行网络结构

社会组织的结构是指为了实现组织职能而确定的分工合作模式。组织结构表明了组织各部分的排列顺序、空间位置、聚散状态、联系方式以及各要素之间的相互关系。社会组织的结构包括组织外部结构和内部结构。社会组织虽然也具有一般组织的内部形态，但却不是边界清晰的组织，其组织要素分散地、动态地互相联系在一起，因此，社会组织的结构需要借助它与社会体系的分工关系、它与成员的联系方式等来体现。

拓展知识
劳动分工程度与部门分类

拓展知识
社会组织与成员的联系方式

二、纵向的政治参与

（一）社会组织政治参与的动因

从表面上看来，社会组织具有非政府性、非宗教性等性质，甚至很多组织直接将政治问题排除在组织关注视野之外，但是这些组织在提供公共物品的时候，就必然形成与现有公共权威在公共物品提供上的竞争性，也就有了社会组织的政治参与问题。

理性的经济人可以通过纯粹个人的、没有组织的行动来有效地增进他的个人利益，但是，如果仅仅依靠无组织的个人行动，要么根本无法增进共同利益，要么不能有效地增进共同利益。尤其在社会结构转型时期，人们更需要集体行动。组织的存在是为了谋求个人不能通过他的纯粹个人行动来增进的那一部分利益。当组织为谋求集体利益而介入到政治体系中并试图影响政治体系以求得有利于自身的结果时，组织政治参与就产生了。

社会组织在原则上可以通过两条途径为其成员谋取福利——或者使全社

第三章 社会组织如何发挥作用？

会的生产量增加，从而使其成员按原有份额取得更多的产品；或者在原有的总产量内为其成员争取更大的份额。前者由于需要通过交换获得利润来实现，需要与营利组织进行市场竞争，所以不是主要的可选途径。在后一种途径下，社会组织政治参与的主要动因就在于力图将局部的分利行动上升为普遍的分配原则，而这种企图是社会组织无法通过社会自身机制予以协调的，要求借助国家强制力保证实现。

无论哪种社会特质的社会组织，都直接或间接地追求某种特定的相对独立的利益，即所谓的俱乐部利益，从这个角度说，它们的活动都带有某种特定的政治含义。由于各社会组织代表了各自的利益群体，为了争取和维护本组织的最大利益，无疑会产生参与到政治决策过程中以便影响政策制定的冲动和要求。依靠组织或团体的力量改变或者影响政策的制定来实现各个组织各自不同的利益需要，是社会组织积极要求参政议政最直接、最强大的动力源泉。在我国，各类行业协会、企业家协会乃至同乡会、同学会等社会组织，都在尽力以自己特有的方式参与政府的决策过程，以期能通过影响政府的决策而获取本组织的利益。

（二）社会组织政治参与的作用

社会组织作为一种政治主体积极有序地参与政治、介入政治过程，对民主政治的发展、国家善治的实现以及社会秩序的整合都具有十分深远的意义。社会组织这一人格化的中介桥梁实现着社会成员与政治国家间的信息能量动态交流和互换，成为民主与法制的重要结构性支撑。社会组织政治参与具有影响公民参与政治生活的积极性，有助于政治参与的扩大和深化、推进政治参与的民主化程度，以及提高政治参与有序化水平的作用。

（三）社会组织政治参与的方式

我国社会组织的政治参与活动主要有以下几种方式：

第一种是通过行使政府交给的部分行政职能和权力，直接参与政府决策。第二种是通过提供政府部门不掌握但十分需要的专门统计资料和情况反映，帮助政府决策，包括为政府政策制定提供依据，并通过各自掌握专门领域情

拓展知识
社会组织政治参与作用的具体阐述

况的优势，说服政府部门接受其建议，不同程度地影响政府部门的决策。第三种是通过自下而上地反映成员的意愿、利益、要求和意见，影响政府决策，一般采取直接对话、提交意见书和情况报告等方式。第四种是通过提供合理化建议参与政府决策。社会组织拥有的最宝贵的是人才资源和信息、知识资源。社会组织在各个领域中都聚集了大量的人才，他们自愿组织的科研、技术攻关和其他实践活动的成果，大多都以合理化建议、研讨报告、调查报告、科研论文等形式，自下而上地提交给政府有关部门参考。这些成果往往成为国家和地方政府拟定发展战略、方针、政策的重要参考意见。

拓展知识

社会组织政治参与方式举例

（四）社会组织政治参与的途径

按照我国政治系统的设置，社会组织政治参与渠道大体可分为纵、横、纵横交错三类。就纵向而言，是指中央、省、市、县、乡（镇）的层级结构；就横向而言，是指同一政治层面下的立法、行政、司法、政党、政协等；而一些重大的或一些具体的政治参与活动则可能是纵横交错的。此外，就某一具体的参与层面而言，也可以有多个参与层次。不同层次的社会组织，其政治参与的侧重点不同，社会组织层次越高，其政治参与的责任越重。

多年来，政府在开拓政治参与的渠道方面做了大量工作，比如：定期对话制度、与对口业务部门联系业务制度、联络员制度、上级社团代表下级社团与其同级行政部门协商制度、定期记者招待会制度、承办电视媒体栏目制度等。但就总体而言，参与的渠道设计不够系统、层次不够全面。一个设计良好、功能完善的社会组织政治参与渠道应全面评估各种渠道在现实政治生活中的反应速度、影响程度、信息失真程度和运行成本，在评估的基础上，来确定各种政治参与渠道的配置水平。

拓展知识

西方政治学者对社团政治参与途径的研究

第四章　社会组织的性质：为官？为民？

我国社会组织的发展一直受到国家政府层面的关注，体现在政府为扶持、培育社会组织发展所出台的一系列政策法规上，包括《中央财政支持社会组织参与社会服务项目资金使用管理办法》(2012)、《关于政府向社会力量购买服务的指导意见》(2013)、《关于促进慈善事业健康发展的指导意见》(2014)、《关于加强社会组织党的建设工作的意见（试行）》(2015)、《关于改革社会组织管理制度促进社会组织健康有序发展的意见》(2016)、《关于通过政府购买服务支持社会组织培育发展的指导意见》(2016)、《关于大力培育发展社区社会组织的意见》(2017)、《关于全面推开行业协会商会与行政机关脱钩改革的实施意见》(2019)等。

资金是社会组织活动的重要资源，在这方面也得到了政府的补助。例如，2019年，中国儿童少年基金会接受政府补助11 944 328元，约占年度总收入的2.9%；同年中国红十字基金会接受政府补助2.2亿元，约占年度总收入的29%。

中国社会组织性质的定位，实际上是社会组织的官方性与民间性的问题。与我国社会组织浓厚的官方性形成鲜明对比的是以美国为代表的西方非营利组织，它们具有较强的民间性，主动与政府组织划清界限。因此，对这两类组织的性质进行比较，有助于理解我国社会组织所遵循的具有中国特色的发展路径。

第一节　制度设计与历史环境的契合

民间结社的现象古已有之，这些结社组织一般被看作民间互助的组织形式，但是现代意义上的社会组织却与以往不同，主要体现在它成为了区别于政治组织、经济组织之外的第三方组织。各国社会组织之所以形成各自的特质，与各国国家与社会发展互动特点紧密联系。组织存在是现实需要的结果，组织发展形态变迁的根本动力来自社会形成的驱动机制，即公共权威究竟是来自社会自身,还是来自社会之外的力量。中国和美国由于各自国家共同体形成的进程不同,因此,社会组织的发展也呈现出明显的差异。

一、美国非营利组织的发展历史

诚如美国学者萨拉蒙所指出的,美国非营利组织具有组织性、民间性、非营利性、自治性和志愿性五个核心特征,其中与我国有较大差异的是民间性、自治性、志愿性特征。那么是什么原因使美国非营利组织对此如此强调呢?

美国是个移民国家,这个国家的第一个特点是移民在前、国家在后。在美国建国之前,需要在没有现成的政治共同体的背景下将社会组织起来,由于社会的整合缺少公共的权威,所以人们只能通过互助的方式组织起来,并赋予这种组织为大家谋求福利的权力,而大家的福利就是公共利益。

这种结合是分散进行的,其中任何一个人并不拥有对于其他人的权力,所以要组织起来就必须获得其他人的同意,强调成员的志愿性是重要的,否则即使是简单的利益共同体也不可能变得稳固。

当出现越来越多的此类互助组织的时候,也就形成了不同的利益共同体,其中任何一个组织并不拥有对于其他类似组织的权力,它只能影响自己组织的成员,所以处理组织的边界问题就跟处理不同个人的结合方式一样,组织之间的交流互动也必须获得其他组织的同意。

美国形成历史还有另外一个重要特点,那就是移民者也是殖民者,这些移民者在互助的需要之外还有一个现实的需要,即攫取未开垦的土地资源。在早期北美移民历史上,决斗、圈地、对土著居民的掠夺等现象随处可见,这些现象与移民自发组成志愿共同体现象交织在一起,形成矛盾的社会图景。一方面,人们需要尊重个人权利和个人意愿,任何形式的强迫都被视为不正义,因为如果不承认这些原则的合理性,互助就无法达成,这是第一个基本原则;另一方面,人们又不得不面对不友好的殖民行为的合理性问题,因为如果不强调对物的占有权利(无论用什么方式获得),那么殖民者的权益就无法获得合理性和保障,这是第二个基本原则。当掠夺针对土著居民的时候,两个原则之间就存在不可调和的矛盾,尊重个人权利就不能随意掠夺原本属于土著生活的土地上的资源,而殖民行为的逻辑就意味着掠夺是合理

第四章 社会组织的性质：为官？为民？

的，只要你能掠夺到。

因此，我们可以看到，美国形成之前的社会大致由两部分组成：一个是移民内部个人权利基础上的互助社会，任何人不拥有对于其他人的强迫权利；另一个是移民外部优胜劣汰基础上的竞争社会，任何人都可以凭借禀赋优势拥有强迫他人的权利。由此而形成了社会双重标准：在利益共同体内部的平等权利标准和利益共同体外部的多元竞争标准。

个人之间以及组织之间能够从合作的互助中获得收益，而在不合作中则能获得更大的收益，因此个人之间以及组织之间的竞争不可避免。发生在北美的历史如果这样延续，同世界其他地区一样，占据优势地位的共同体将逐渐扩大并演化出压迫其他共同体的政治权威。但是，为什么北美没有发展出强大的政治权威呢？

首先，由于北美地广人稀，被压迫的共同体通过迁移而暂时扰乱了这一进程，事实上东部许多州的土著都主动迁移到遥远的西部和北部去了，某些移民迁向了南部和西部。其次，北美独立战争的胜利进一步打断了这一进程，北美独立战争的胜利不是单一共同体的胜利，而是最初十三个大共同体的胜利，当东部十三个州在讨论形成统一的政治共同体的时候，政治共同体的最初价值不过是对外的集体保护组织，而不具有经济和社会的功能，因为经济和社会功能已经不需要新的外在共同体了。

理论的发展也为北美的实践提供了解释工具。欧洲启蒙思想家卢梭、孟德斯鸠等的思想已经广泛传播，1776年自由主义思想家潘恩的著作《常识》出版，其主要思想是权利只能是属于人的，这也就意味着公共权威不具有天然的权利。同年，亚当·斯密的《国富论》也出版了，其主要思想是经济自由主张，也是在那一年，杰弗逊起草了《独立宣言》，美国作为政治共同体成立。

美国的非营利组织在美国诞生之前就已经是人们生活中不可分割的组成部分，医疗组织、卫生组织、社会保障、经济活动等都产生于公共权威之前，而且已经有效地组织起了这个社会，公共权威如果必须存在，那也仅仅是为了防止其他政治共同体的侵害，其功能非常简单。因此，自治性、志愿性、民间性、非营利性就成为了美国非营利组织的典型标签，也成为学术界使用这个概念的现实参照，并且北美互助组织从一开始就成为组成社会的中坚力量，公共权威依靠它们获得合法性，而不是相反，这也是美国的非营利组织不需要获得行政合法性的原因，与之相对的是政府只有不断获得民间组织的支持才能获得合法性。

二、中国社会组织的发展历史

中国社会组织有很强的官方色彩，按照美国非营利组织的五个特征进行描述很难找到契合的组织类型，具有比较价值的主要是中国社团组织。

中国历史源远流长，经过了数千年实行中央集权的封建帝制，脱离政治共同体而存在的社会是难以想象的，社会结构的整合即使是来自民间的发动，其结果也必须借助于政治共同体才能获得合法性基础。

公共利益是以共同体的利益层层分解的，从政治共同体到阶层共同体再到民间宗族共同体，公共利益不是被看作个人利益的聚合，而是被看作另外一种形式的个人利益，是个人利益的泛主体化，只不过主体从个人转移到宗族、阶层、国家而已。这种结构与费孝通先生在《乡土中国》中描述的差序格局是类似的，公共利益是通过与个人利益的距离来界定的，就最底层的个人来说，公共利益成为个人利益最边缘化的部分，个人利益也成为公共利益最边缘化的部分。所以，政治共同体的利益一直被看作政治集团主体的利益，如果一定要寻找明确的利益核心，那就是皇帝本人，只有这个个体才是全部共同利益的代言人，而分层下来的各种利益共同体的明确核心，也全部转换为少数的共同体利益的代言人。

因此普通的个人是不会特别关心公共利益的，因为"它不是我的"，而是别人的，至少"我"不是最核心的利益收益人，如果需要为共同利益付出，那么首先是核心收益人的付出，最后才是个人的付出。中国历史上的民间社团全部起始于精英的发动，后续成员的行为大都属于跟随行为模式，成员的志愿性是不重要的或者是次要的，成员对组织的忠诚才是最重要的，因为跟随行为是一种集体无意识行为，当竞争性的民间社团出现的时候，组织吸引力就会出现变化。

既然中国民间社团不能通过公共利益有效地吸引为数众多的稳定的成员，那么是什么使这些社团获得成员的加入呢？费孝通先生提出的长老权力可以作为一种解释。长老权力是一种包含着不民主的横暴权力、民主的同意

第四章　社会组织的性质：为官？为民？

权力及教化权力等复杂内容的权力结构，简单说它是一种强权、协商、教化综合的权力，为了使长老权力的运转稳定，只有借助现有的公共权力结构来获得合法性和合理性，这也就造成中国民间社团对于既有公共权力结构的依附。

1949年中华人民共和国成立以后，如何建设新社会就是一个崭新的问题，然而一切制度的设计都需要服从现实的需要，新中国面临着如何保护胜利果实的问题，在国家基础薄弱、西方资本主义国家和苏联冷战对峙的局面下，新中国要生存只有选择阵营中的一方。社会主义阵营的制度体系是公共权力全面发动并改造社会的体系，这种计划经济体系的突出优越性在于集中力量办大事，这在战争条件、危机管理以及重大基础建设方面会体现出资源集中配置的巨大优势，但是在微观经济领域则用主观性较强的行政配置方式代替了以供求关系为核心的市场机制，会在一定程度上抑制私人生产力的发展。与之相对应，以美国为代表的西方国家制度体系在微观强调市场机制，个人行为能动性充分发挥，但在涉及重大公共利益事件时，存在决策缓慢、效率低下等问题，重大事件整合效率不高。我国的国情决定我们需要通过快速、有效、稳妥的方式进行社会整合。社会组织之所以具有官方性，并不能"一刀切"进行诟病，这是我国进行高效社会整合的一种最理想的选择。

与建国初期社会环境相适应的是单位制的社会结构体系。单位制通过行政手段将社会分割为碎片化的结构，整体的社会被一个个具有整体社会功能的碎片化的单位所取代，单位之间的横向网络联系不再重要，单位之间的纵向网络联系则具有决定性，纵向网络联系是单位获得资源的唯一渠道，公民的所有诉求只能通过单位的途径，沿着层级方向纵向流动，民间自发的联合就这样被消解了。

各种类型的单位承担了不同的社会功能，除了军队组织之外，有政府机关、企业单位、事业单位、社会团体，它们分别承担国家共同体的政治功能、经济功能、公共服务功能和社会表达功能等。西方视野中的非营利组织大致类似于中国的事业单位和社会团体，但是有两点区别：一是事业单位既包括营利组织也包括非营利组织，二是社会团体中的人民团体和免于登记的团体是承担社会表达功能的类政府组织。

在纵向结构上，各种单位以整体的国家共同体结构为基础设立下层组织，同样集合了利益共同体的各种功能，只不过由于管理范围的缩小，某些功能合并由一个组织承担或直接一个人承担，这样在行政命令传达的时候，基本可以一条直线下来，从中央到地方都能找到承担责任的组织和个人。由于每个单位都能为单位内部的个人提供基本的公共福利，所以原则上这些基本的公共福利也能满足其他单位个人的需求，所以每个人只要属于某个单位，这个人就能与其他人一样享受大致均等的公共福利，而单位分工并不重要。这是官僚制典型的纵向层级结构。

在横向结构上，单位与单位之间是嵌套式的分工结构。在平行网络上，每个单位并不需要了解其他单位的需求和市场，它们相对于上层单位来说就是流水线的一个工序，这就充分发挥了系统的作用，单位功能的单一化避免了复杂情境下的不确定风险，而将风险评估与决策权力转移给上层单位，但是由于单位资源集中式的计划供给，所以只有在资源的垄断分配部门才存在风险评估与决策权力问题。这是私人企业典型的横向分工结构。

纵向层级结构和横向分工结构使国家共同体高度一体化，一体化的核心是国家的公共权威，任何异质的社会、经济、思想形式都被看作对公共权威的挑战或者威胁，因此，传统中国并不存在脱离公共权威的社会组织。

但是有一个阶段的情况比较特殊，那就是"文化大革命"时期。"文化大革命"时期的中国出现了很大的社会组织变迁，除了军队组织基本未发生根本变化之外，政府机关被革命委员会取代，虽然受到冲击，但是基本维持原有体系运作，原来的企事业单位和社团组织运作基本陷入停顿，脱离公共权威或试图脱离公共权威的红卫兵组织成为社会组织的一种重要类型。红卫兵组织成立的目的不是实现社会的互助，而是基于意识形态的"阶级"斗争，这样的社会组织虽然具有非营利的典型特征，但是不能有效组织起合作的社会，而且破坏了原有的社会基础，导致了整体国家共同体的无序，共同体福利受到极大的损失。

改革开放以后，改革的红利是一种双轨制的福利：一方面，通过恢复计划经济体制而提高共同体福利水平，社会生产全面复苏；另一方面，通过有限度地尝试市场经济而解放个人生产力，劳动力生产要素配置效益得到体现。倡导政社分开，进行国家行政体制改革，国家行政机构从一体化的结构逐步分化为适应社会主义市场经济的局面，对我国行政体制进行微调，这种

第四章 社会组织的性质：为官？为民？

微调首先体现在将具有浓厚行政色彩的社会组织逐渐分化出去，逐渐培育和扶持发展新型社会组织。中国社会组织获得了长足的发展。一方面，人民团体和免于登记的团体的社会表达功能回归，并且新增了部分利益共同体类型，比如残疾人共同体、公益基金会等；另一方面，民间草根组织得到默许发展，社会异质化后的利益共同体逐渐从民间发展起来，比如个人劳动者协会、业主委员会等。

三、中国社会组织与美国非营利组织的差异比较

（一）注册差异

由于只有公司（包括有限责任公司）、非法人社团、信托形式的非营利组织才有资格向美国国内收入署申请免税，因此美国非营利组织主要采取公司、非法人社团、信托形式，多数采取公司形式。成立非营利公司类似于成立一个普通的公司，程序比较简单，这是在州的层面完成的。各州通常都会提供登记的模板文件，非营利组织只需要填写空白即可完成。注册由州务卿办公室批准，然后由州司法部进行注册登记，颁发法人证书。非营利组织的登记只是表明该州承认它是一个法人单位，并没有给予其任何的非营利资格。在州政府看来，非营利公司只是一种公司。一个非营利法人的成立通常包括三个主要步骤：成立董事会、起草公司章程和内部章程、进行公司注册。

拓展知识
非法人社团

比较而言，由于公司具有更高的可信度，美国国内收入署和多数企业、捐赠者对非营利公司的认可度更高，对非法人社团往往持排斥态度。如果非营利组织只是一个不具有免税资格的公司，它在筹款、发展以及获得公众认可等方面是很困难的。只有非营利组织向美国国内收入署申请免税资格时，它才会是不同的。非营利组织需要向美国国内收入署提交501(c)(3)条款所规定的相关申请材料。

在美国，非营利组织注册原因很简单，因为只有注册才能享受税收减免、法律保护等相关福利，这使非营利组织与政府间的关系透明化为两个独立法人间明晰的法律关系。法人最主要的能力是其行为能力和权利能力，因此非

营利组织拥有了法律上的独立身份后,在原则上就拥有了充分处事自由权。

中国实行的是双重分层管理,社会组织需到民政机关登记备案,并找到挂靠业务主管机关。中国社会组织不主动注册主要是因为行政赋权比法律赋权重要。在中国,社会组织所获取的资源大部分来自公共财政,极少来自社会与市场,这就使得获取法律赋权,从社会和市场获取资源变得不再重要,而获得行政赋权,也就意味着资源供给有了较稳定的保障。

中国社会组织获得活动权利的最主要标志不是法律合法性,而是行政合法性。拥有了行政合法性的组织,即使不具备法律合法性,在开展活动时也会被视为具有合法性,并且开展活动的便利程度直接与组织的行政背景相关。获得行政合法性的方式包括:行政单位同意挂靠;行政机构同意该组织参加合法性活动;有行政身份的个人在非营利组织中的任职;非营利活动被赋予合法性。

(二) 监管差异

在美国,接受政府资助的非营利组织也或多或少地受到政府的管制。针对不同的非营利组织,管制内容有很大的区别,但通常都会以书面形式交到每位申请者手中。申请者若觉得这些条件可以接受,便开始研究申请策略等问题;若觉得这些条件无法接受,则可以拒绝申请,此时可以考虑不接受政府资助而转向私人。但政府的管制性条文往往是一些原则性问题、有利于组织服务对象的善意条文,并不会在很大程度上限制受资助的非营利组织的活动能力。若不准备接受政府的资助,自然也不用受到管制条款的限制。

美国政府一般通过特定机构或法律条款对非营利组织实行监督,也就是"合规性监督"。非营利组织必须定期上交财务报告,任何个人有权在任何时间要求查看组织的财务记录。当发现该组织的行为出现问题时,政府会派专职审计师对资金的使用进行审查。政府往往认为作为志愿者的董事会成员会尽到监督的职责。若接受了企业投资,也会有企业成员加入非营利组织共同参与决策与监督。有些国家的政府还设有专门的机构,对非营利组织进行长期的监督。美国政府一般不会在组织内部管理上进行微观干预,这与中国的业务主管部门派遣和任命组织管理层的做法形成鲜明对比,与中国的情况相反,政府反而要禁止非营利组织与政府的密切联系。比如美国国内收入署规

第四章 社会组织的性质：为官？为民？

定，501(c)(3)组织若有下列行为，将终止其免税资格：第一，连续三年未向美国国内收入署提交报告，将自动撤销免税资格；第二，参与政治竞选和游说活动；第三，违背了不向股东或个人分配利润的规定；第四，超额利益交易，向不符合资格的人提供经济利益。

中国实行登记管理机关和业务主管单位双重管理体制，在组织重大内部管理机制上会进行积极干预，也就是"合法性监督"。在组织成立前，有民政部门和业务主管部门对其进行资格审查，重点是行政合法性；组织成立后，委派相关人员担任要职，并建立组织与业务主管机关的通报机制，要求组织在业务主管机关指导下开展各项工作；组织的审查、审计等与业务主管机关的审查、审计连带进行等。

另外，在社会转型期，我国对事业单位和民间组织实行分类管理。由于中国政府对事业单位和民间组织采取的是完全不同的经济联系和管理方式，因此在获得政府资助的权利和意识方面，事业单位和民间组织呈现出两种不同的行为方式。

事业单位一般是通过年初预算向同级政府申报当年所需资助经费，政府财政部门调查后核准数字下拨款项；社会团体中的官办组织，争取政府支持的方式与事业单位比较接近；从官办社团正在向民间型转化过程中的社团组织，由于具备半官半民、小官小民的双重色彩，一些组织不仅还在享受原来官办社团的财政经费支持，而且还会以走向市场、开展服务、做大规模等名义向政府另行申请专项资助，与政府部门千丝万缕的联系常使他们的努力有所收获；至于中国纯民间型的社团组织和民办非企业单位，除了能享受到某些政策优惠这种间接资助外，没有任何依据可以伸手向政府申请自己要从事的公益事业的财政支持，甚至它们就没有想过向政府伸手。

中国政府对社会组织的监督也是分类进行的。对事业单位一般是通过年终财务大检查、不定期财务抽查、对单位领导人实行离任审计等加强监控；对社团组织和民办非企业单位的监督则主要是通过专门的法律条例（《社会团体登记管理条例》《民办非企业单位登记管理暂行条例》）和双重管理机构（登记管理机关和业务主管单位）来实现的。

（三）专业化与多元化

在美国，从20世纪70年代开始到80年代初，伴随着里根总统大量削减财政支出的计划，为了平衡政府财政拨款减少而带来的收入损失，大量非营利组织转而经营一些营利项目。因此，财政支出的减少并没有强化非营利组织的慈善性，反而增强了其商业性。这直接导致了非营利组织与营利组织的服务大战。目前美国的营利组织、非营利组织正在呈现多元化的发展趋势，营利组织也在从事社会慈善，非营利组织也在从事市场经营。这主要是由于，专业化组织虽然有局部竞争优势，却难以在复杂情境下体现综合竞争优势，另外，专业化组织的适应性变革成本远远高于多元化组织。非营利组织的营利活动迅速扩大到社会各个领域，对非营利组织的税收减免并非真正减免了这部分税收，而是将其转移到其他企业和个人的身上。在这种不平等的管理和税负造成的不公平竞争中，小企业因为无法像大企业一样多元化而更为脆弱。这些企业一旦被挤出，非营利组织因缺乏有力约束而导致的高成本经营的弊端将会反映在对政府资金持续的需求之上，最终这些损失还是要靠个人税负的提高来弥补。不平等竞争抑制了市场的健康发展，虽然也有"无关活动收入税"，但是这种税收的征收成本较高而难以足额征收。

我国社会组织的发育还处于探索发展阶段，因此面临的是专业化和多元化的双重问题，一方面我们希望社会组织向专业化发展，更多体现慈善公益性，另一方面我们希望避免美国非营利组织营利化对市场秩序的破坏问题。因此，合理设计社会组织的税制以及完善税制的征收体系是解决问题的出路所在。

第二节　中国社会组织的管理体制

从我国社会组织社团发展的历史回顾中，我们可以看到，我国社会组织的发展过程与其内在体制和外部因素是密切相关的。下面我们仅就社团组织的管理体制进行分析，社团体制主要包括社团的权限划分、机构配置、具体运作及制度体系。

一、权限划分——社团发展的体制核心

1989年10月25日，国务院发布了《社会团体登记管理条例》，建立了社团的"双重分层管理"体制。1998年发布的《社会团体登记管理条例》进

一步加强了这一管理体制。"双重分层管理体制"实际上是一套"条块分割"式的社团管理体制,侧重于入口管理。

所谓"双重管理",是指社会团体同时接受登记管理机关和业务主管单位的管理和指导。所谓"分层管理",是指社会团体的登记管理机关和业务主管单位的行政管辖范围,必须与社团的活动范围相一致。

当今世界各国社团成立制度,主要有许可批准制度、登记备案制度和登报声明制度三种。登报声明制度指成立社团无须任何手续,登报告之于公众即可;登记备案制度是指社团成立只需履行一定的手段,向政府登记备案存查。此两种均无须得到政府批准。许可批准制指社团成立要向政府申请,经过政府审查并许可批准之后方能成立,此制度的最大优点在于能有效维护国家安全、维护社会公共秩序和社会公共道德(刘镇强,1999)。

有鉴于此,我国现行的社团双重管理体制应该在保持原则的前提下,进行必要的调整。业务主管部门的职能和职责限定于制定社团的活动规范和监督规范的实施情况。同时,业务主管部门要逐渐从直接管理活动中退出来,由对个别单位实施直接管理转向对整个专业领域实施行业管理。另外在制度设计上,可以考虑实施登记备案制的可能性。

二、机构配置——社团发展的体制载体

社团组织内部没有行政组织体系中那种严格的行政隶属关系和上下等级制度,同时社团组织与行政组织体系之间存在着多种形式的紧密联系,主要为挂靠、主管关系以及由此产生的组织成员的交叉,一部分社团内部出现了与行政组织级别相对应的层级机构,即类科层化结构。政府对这种类科层化组织的扶持、培育有利于这些组织更好地完成工作任务,进行职能发挥。越是基层组织,行政组织对其扶持推动作用表现越突出。

从上面的分析中,我们可以看出,社团不是独立存在的,而是在主管单位的指导下进行活动的,并受到主管单位的支持。因此,社团往往按照行政机关结构设置机构、配备人员并套用主管部门的级别,由主管部门配备相应级别的管理干部,或者根据兼任者的级别来确定社团的级别。兼职者不只来自主管部门,还来自与社团业务活动有关的其他党政部门和企事业单位。主管部门"任命"兼职者是出于加强对社团管理的需要,而从其他单位聘请兼

职者，则是出于社团自身发展的需要。社团还会聘请在位的或已退休、离职的党政部门领导人和社会知名人士担任社团的领导职务，社团主要是借助他们在某一领域中的影响力和人际关系，通过他们与党政部门及社会各界进行非正式的交涉活动，以便为社团争取某些合法性的支持和帮助。

以社团为中介组织的横向联系网络，是一种相互联系的沟通途径，它重视的是通过适当的途径达到联系的目的。在横向网络中，发生联系的主体是具有某种共同的社会、心理或生理特征的个人或单位，联系纽带主要是同类意识和共同利益，而不是实质性的行政隶属关系和经济关系。因此，横向联系的结果是就某个专门问题，按照共同利益需要，在自愿互利的基础上，使参与者之间达成一致的"行动协议"。

在原有的组织体系中，纵向沟通的主要方式是通过行政系统这一渠道来实现的。随着政治经济体制的改革和发展，社团在发育的过程中，无形中建立了完全不同于行政系统的第二纵向沟通渠道。虽然社团与挂靠部门或主管部门之间仍存在某种管理者与被管理者的关系，但它们之间已不存在正式的行政控制。这样，在以社团为中介的第二沟通渠道中，就不存在行政隶属关系和严格的上下级界限。因此，它们之间的沟通是双向的。显然，它比第一渠道具有更大的弹性和灵活性，同时，它的沟通主要集中在行政渠道所涉及不到的领域，不仅弥补了第一渠道的不足，而且为新生组织要素与政府沟通提供了新的补充形式。

我国现阶段的社团在实际运作中，的确起着沟通和联结政府与民间的桥梁和纽带的作用。同时，中国现有的政治体制和社团半官半民性，使它无论从管理体制上还是从功能特性上都能被称为政府进行社会治理的助手。

三、具体运作——社团发展的体制操作

筹集资金经费是社团组织开展活动的重要的经济支柱，因此社团组织需要采取各种方式扩大经费来源，以加强组织自身的活动能力。社团组织的经费来源大致可以分为四种基本的形式——财政拨款、会费收入、主管部门拨款以及其他经费来源（包括兴办经济实体的经营性收入、收取下属经济实体的管理费、各种形式的捐赠收入等），在上述的资金来源方式中，财政拨款是首要的形式。几乎不存在以财政拨款为唯一经费来源的社团组织，但政府的

第四章 社会组织的性质：为官？为民？

财政拨款仍是大部分社团组织的主要经费来源。

根据资金来源的不同，可以将社团分为官办社团、半官办社团和民间社团。许多官办社团几乎利用了上述全部的筹资手段，它们既得到财政的支持，也能够进行社会募捐以及开展收费性服务和营利性活动。在募捐方面，中国的官办社团创造了一种被国外研究者称之为"双重募捐系统"的体系。一方面，它们利用与主管部门的"血缘"关系获得政府部门的资助，另一方面，它们又利用主管部门的职权或通过提供公共物品来获得社会的捐助。但半官方社团更多依靠组织自身进行资金积累。

缺乏资金仍然是大部分社团面临的主要问题。造成资金缺乏的原因是多方面的，其中最主要的原因在于，中国现阶段的社团组织处于一种从政府领域向公共领域过渡的时期。政府部门迫于财政压力压缩财政预算，希望让社团脱离政府序列，这样能够大大降低政府部门的经费负担。在缺乏资金支持的情况下，政府部门对社团的控制势必会减弱。在这种情况下，政府部门更多通过行政干预对社团进行引导，规范社团组织的行为。而由于社团在此之前的关注点一直是努力争取更多的政府拨款，却忽略了其成员和社会的重要作用，面对政府支持的日渐减少，从社会和公众那里筹集资金也存在一定的困难。

社团功能的发挥一般是采取两种方式，依靠两个相互补充的过程。一方面，它们利用行政的方式将成员组织起来，形成相对稳定的互助关系，以解决共同问题。另一方面，它们在解决具体问题时，又借助政府职能部门的行政权力来促进问题的解决。这两种运作机制在得到适当的运用时，会非常有效，特别是在协调"官方"与"民间"的关系时，"双向运作"机制更为有效。协调包括两个相互补充的过程：一个是自上而下的协调过程，主要是政府或社区借助社团对企业或个人的行为目标和规范加以修正和引导，使其与政府或社区目标达成一致；另一个是自下而上的协调过程，主要是企业等社会成员依靠社团组织代表其共同利益和目标，与政府行政管理部门对话，以对政府施加影响，使其在确定社区整体目标和利益时，兼顾多方面的目标与利益。

四、制度体系——社团发展的体制保障

改革开放以来，我国的第三部门获得了长足的发展，第三部门法律制度

也逐步建立起一套比较完整的体系，覆盖面与国外相关法律已经基本一致。可以说，40多年来第三部门法制建设的最大成就就是相关法律的出现。目前我国第三部门的发展，与法制的建设是分不开的。各类民间组织基本有了合法成立的途径。

1950年9月，政务院颁布了《社会团体登记暂行办法》，内务部于1951年颁布该办法的施行细则。这两个法规出台的目的，主要是对旧社会遗留下来的各种社会团体进行清理，取缔不符合新社会要求的社会团体，对于其他社会团体进行改造后予以保留。在完成这一任务以后，这两个法规便逐渐被弃之不用，主要由各个部门分别主管与自己业务相关的社团的审批和管理工作，不再执行统一的登记制度。

改革开放以后，社团的成立在行政管理体制上仍然是由各个部门自行审批，有的社团则在未经批准的情况下自行宣告成立。这样，随着社团数量激增，其存在的各种问题引起政府的忧虑。1989年，国务院颁布了《社会团体登记管理条例》，它正式改变了原来的民间组织行政管理体制，改为由民政部门主管登记管理，此外，每个社团还受业务主管部门管理，也就是"分级登记、双重管理"的模式。此后，根据《条例》所确定的职权，民政部门颁布了大量的行政规章和其他行政规定，其他部委作为相关社会团体的业务主管部门，大多分别颁布了相关规定。1988年以后国务院颁布的行政法规和民政部门等部委颁布的规章，构成了我国目前社会团体法律制度的主体。

1989年10月国务院公布的《社会团体登记管理条例》，确立了中国社团进行双重管理的基本框架。此外，1988年9月和1989年6月，先后颁布了《基金会管理办法》和《外国商会管理暂行规定》两个法规。1998年10月，国务院再次修订《社会团体登记管理条例》，并同时颁布了《民办非企业单位登记管理暂行条例》。1999年6月颁布《中华人民共和国公益事业捐赠法》，这些都标志着中国开始逐渐完善社团的法律体系。

国务院颁布的《社会团体登记管理条例》以及其他部门颁布的规章实际上对社团组织提出了综合的合法性要求：政治上达标，行政上挂靠，符合法律程序，得到社会支持。一个筹建中的此类组织或者一个已经存于民间的社团，在具有一定的社会基础之后，要经过政治合法性的检验才能获得行政合法性，成为有业务主管单位的组织，最后在登记管理机关履行必要的法律程

◇ 第四章 社会组织的性质：为官？为民？ ◇

序，成为法人，哪一个方面都不可缺少。这样就从制度上保证了社团的成立程序化法制化，也可以尽量避免社团管理中的混乱状况，从而为社团发展提供一个良好的法律制度环境。

拓展知识
制度规范随社团发展的变化过程

回顾中国社团的发展历程，社团的数量和种类越来越多，规模和势力越来越大，发挥的作用和产生的影响越来越广泛和深刻，管理水平和自治能力也在逐步提高。这种趋势是三种力量交互作用的结果：社会发展、法律框架和社团的内在发展体制。社会发展为社团的发展提供了日益广阔的发展空间，也对社团施加了巨大的牵引力和推动力。现行的法律框架具有双重效应，一方面，造成了社团对政策的依附；另一方面，这种依附也为社团提供了必要的支撑。虽然还有待完善，但与过去相比，它毕竟体现了时代进步的要求。社团的内在发展体制驱使社团逐渐走向成熟。

第三节 中国社会组织的典型特征

一、"官民二重性"研究状况

关于中国社团组织的研究，既有社团组织自身方面的研究，也有社团组织与环境交互方面的研究；既有社团组织资源的研究，也有社团组织活动方面的研究。这些研究都面临着对社团组织特征的界定问题。

英国学者格登·怀特（Gordon White）就市民社会问题对当代中国非政府组织现状进行了考察。通过对浙江萧山市（现杭州市萧山区）的各种社团组织的实证研究，他发现，与改革引发的社会经济变化相契合，在国家和经济行动者之间，一种非官方的、非正式的民间经济和组织正在出现，它们与国家体制的界限日益明显，它们的活动空间日益扩大，这是基层向"市民社会"过渡的标志。虽然社团扩大影响的主要方式仍是"接近"体制，但却意味着一种新的权力平衡开始出现，其特征表现为"双重体制"下的公私利益混合行动体。

怀特（1993）认为，中国经济改革的不充分导致国家在经济领域中仍然保持着主导地位，使得当代中国的新兴社团组织呈现出半官方性，这种半官方性是市民社会仍处于萌芽状态的柔弱表现，随着经济改革的加快，非政府组织的扩张将逐渐削弱国家的主导地位，一个较为强大的市民社会将会出现。

王颖、折晓叶和孙炳耀（1993）也在浙江萧山做了调查。在他们看来，社团的民办性来自成员自助、互益和自我管理的需要，而官办性则来自政府间接管理的需要。他们认为目前的半官半民的组织特性是双轨经济体制的产物，随着改革开放的进步深化，社团的民间性特征将逐步加强，"官办"将转成"官助"，即社团和政府共同管理社会的状况。

王颖等指出，官办社团一定意义上是政府和党组织的延伸，而半官办社团是受政府组织领导的；民间社团的意义在于是否与政府存在明确界限，主要表现在当政府与个人组织发生矛盾和冲突时，社团能否维护自身利益或改变政策。若没有明确的界限，那它们作为政府下属机构的意义要远大于作为中介组织的意义，它们对政府的依赖要超出它们的独立性。中国社团构成具有半官半民二元结构。

此后，清华大学教授秦晖和沈原、中国人民大学的于晓虹和李姿姿等从第三部门失灵、体制依赖、交易成本等视角对官民二重性作了进一步的阐发。

秦晖（1999）将官民二重性称为"第三部门失灵"，认为其最本质的表现是"慈善不足"与"独立不足"。前者使第三部门"靠拢市场"，后者使它靠拢政府；并指出，解决这个问题，我们所能期待的是第三部门内部机制的健全以及在它的影响下政府组织、市场组织也继续良性改进，以便反过来使第三部门能"靠拢"一个更好的政府、更好的市场。

沈原、孙五三（2000）以青基会对外交往活动为个案，探讨了中国社会团体的发育状况，他们用"形同质异"这一概念来描述中国的社会团体的发育，考察了现有社团对原有体制的"体制依赖"途径，强调当代中国社团的"官办性"，进而认为社团的国际交往将可以增加社团的自主性，从而完成"官办性"向"民间性"的转化。

于晓虹、李姿姿（2001）对北京市海淀区个体劳动者协会作了调研，她们认为中国第三部门的官民二重性源于第三部门的官方组织成本小于自组织成本，第三部门的出现和存在是第三部门与政府在维持自身利益最大化的考

◇ 第四章 社会组织的性质：为官？为民？ ◇

虑之下的理性选择，是相互交易的结果，并得出结论——在自组织成本低于官方组织成本之前，这种官民二重性将持续、良性有效地运行下去。

此外，陈健民、丘海雄（1999）运用"社会资本"概念分析了社团组织的作用；高丙中（2000）对社团组织的合法性问题进行了研究；王川兰（2002）从团体意识的视角分析了社团组织发展对政治参与的积极影响；王名、刘求实（2007）从公共管理的角度对社团组织变革、评估、管理等问题进行了广泛的探讨。

目前大部分学者赞同中国社团组织"官民二重性"的现状界定，用二重性这一术语来从总体上界定中国社团的基本属性是恰如其分的。二重性是一个内涵丰富的概念，它意味着：社团的构成具有半官半民的二元结构；社团的行为受到行政机制和自治机制的双重支配；社团往往要同时依赖体制内和体制外的两种资源，相应地，社团也常常通过官方和民间的双重渠道去获取资源；社团还必须同时满足社会和政府的双重需求，因而社团的活动领域也只能是社会和政府共同认可的交叉地带。但是"官民二重性"对中国社团组织的现状的解释力是否充分还有待商榷。

二、中国的国家与社会关系

"官民二重性"观点的基本假设前提是国家—社会二元结构的存在，社团组织是被当作"社会"的实体进行研究的。所以，在关于"官民二重性"的讨论中，国家—社会关系问题上的不同理解和取向会导致结论上明显的差异。

中国国家与社会之间究竟是什么关系呢？目前这个问题的研究主要涉及国家与社会的边界、社会的自主发展以及国家与社会的关系模式等分支，得出了以下有代表性的观点：①国家和社会是不同的两个领域，40多年的改革是国家权力从社会领域中退出的过程，为社会提供了自主发展空间；②社会的自主发展主要是培育社会的力量，而社会的力量来自它自身的整合，这种整合又依赖于社会的组织化；③从大小、强弱、优次方面探讨了国家与社会关系模式，指出我国正在由"大政府、小社会""强政府、弱社会""国家优先"向"小政府、大社会""强政府、强社会""社会优先"转型。

应该注意的是，学者们是在中国国家与社会关系的实证研究中提出"官民二重性"的,而针对传统中国全能国家的理念和现实所进行的研究,一开始就不得不以与政治国家相对应乃至相对抗的方式进行,市民社会理论成为有力的批判武器和分析框架,因此,可以说学者们的研究中已经"预设了西方市民社会的历史经验以及在其间产生的市民社会观念为一种普世的、跨文化的经验和观念"(邓正来,2002)。其中的价值介入使我们相信,原本可以作两可性解读的经验材料有了片面性解读的可能。

但我们考察中国社团组织的实际情况,发现国家和社会的分野,其意义在于强调社会领域是不同于国家的领域,并不表示国家和社会的分割、分立、分离或对抗,两个领域是相互依存、互相交织的,因此,社团组织不能简单地归入"社会"领域进行考察,确切地说,社团组织所在的领域用黄宗智先生提出的"第三域"概念描述更加恰当。

运用第三域概念而不是运用国家与社会的二分观念和三分观念,其区别在于我们的目的究竟是力图客观描述中国社会衍生发展的实际状态,还是实现市民社会的崛起或者修正体制的回应性等外在价值。黄宗智在谈及第三域概念时,深刻地指出:"它(第三域)是价值中立的范畴,可帮我们摆脱……公共领域那种充满价值意义的目的论。……它也可更为清晰地界分出一种理论上区别于国家与社会的第三区域。这样一种概念还可以阻止把第三区域化约到国家或社会范围的倾向"(邓正来,2002)。

因此,假如我们认同社团组织不仅具有简单的"社会"属性,还是国家与社会交融的产物,那么这种假设就不再兼有批判现实的"直接价值",而更可能客观地描述社团组织自身的运作逻辑和演化趋势。而且由于不再受制于国家与社会关系的二元框架,我们更可能将社团组织描述为多维度变量相互作用的产物,这样的分析,更可能动态描述社团组织衍生的多种组合,把原本作为依据的西方普世道路视为论辩对象,真正符合中国的国情。

传统中国所有的社会组织都统称为单位,分析中国的社团组织特征需要把社团组织先看作单位。中国的单位现象主要是指中国社会各阶层人们的社会行为通过组织功能多元化的特殊社会方式,被逐一整合到一个个具体的社会组织即"单位"之中(李汉林等,1995)。以"单位"作为分析中国社会结构的基本单元,始于美国学者沃尔德(Andrew G. Walder)。他(1988)认为单位是一个由高度制度化的庇护者与受庇护者的庇护关系所构成的基本社会

第四章 社会组织的性质：为官？为民？

单元，在这里，群众对党和意识形态的忠诚是与庇护对象对庇护者的个人忠诚关系交织在一起的，从而确定了一种具有中国特色的"单位亚文化"。

在改革开放前的中国社会，除了资源垄断制度之外，在组织结构方面最重要的是城市中的单位制和农村中的人民公社制度。它们不仅是社会整合的基本机制，也是国家实施社会控制的重要手段。在总体性社会中，尽管人们所在工作机构的性质千差万别，但都有一个共同的称呼，那就是"单位"。"单位"是人们借以接近和享受国家所垄断的稀缺资源的唯一通道，离开这一通道，个人将会丧失获得生存所必需的基本条件的机会。因此，大到个人的政治态度、工作积极性，小到子女的生育、业余生活的安排，甚至夫妻间的关系，都从属于单位，即在国家的控制之下。中国的"单位"构成了一种与西方社会常见的科层和厂商都迥然有别的社会现象。这种社会现象的独特性在于：绝大多数社会成员被组织到一个个具体的"单位"中，由单位赋予他们权利、身份和合法性，满足他们的各种需求，代表和维护他们的利益，控制他们的行为。

随着中国社会向市场经济的转向，出现了事实上的单位体制和非单位体制并存的社会结构方式。原来的国有制单位包括行政单位也发生了较大的变化，过去那种单位对国家和上级组织的全面依赖、个人对单位组织的全面依赖发生了动摇。但是，全面性依赖的弱化并不等于依赖关系的解体。在中国再分配经济向市场经济的转型时期，非单位体制的分化和发育还处于初级阶段，单位体制无论从数量、质量还是从由之所形成的价值观念和行为规范上，尤其在中国的城市社区社会中，始终还处于主导地位，左右着人们的社会行为；同时也由于中国社会资源主要由单位占有和分配的基本状况没有根本改变，所以，以单位组织为主要要素的社会基本结构特征仍具有典型意义，个人对单位组织的全面性依赖虽然有所弱化，但依赖关系的实质没有根本改变。

三、社团组织的准单位制

"官民二重性"观点隐含着官方性和民间性二元状态，但是官方性和民间性之间究竟是什么样的关系呢，为什么在中国社团组织的现实中官方性常常压倒了民间性而成为主导呢？或者说，为什么政府在给予社团组织合法性的同时要有所限制或保留呢？对此，"官民二重性"本身不能给予足够的解释。并且"官民二重性"观点的发展必然推导出社团组织管理体制的安排是在官方性和民间性两者之间进行适度的选择，但是不能解释选择的依据，因为官方性和民间性都有存在的合理性，而且绝对的官方性或者民间性并不存在。

我们尝试从体制的路径依赖角度，寻求对中国社团组织现状另外的解释途径，"准单位制"是对中国社团组织现状较为合适的描述。其理由如下。

其一，长期以来，社团组织发展与社会自主性发展的关系问题总被认为是互为前提的，按照"官民二重性"来推论是无法准确说明的，因为如果社团的兴起意味着社会自主性的增长，那么社团中的政治参与应该是广泛而有效的，而实际的情况是有关社团中的政治参与事实确实存在，但是其影响力却十分弱小，这种政治参与是被动的、分散的，效果也是不稳定的。

从总体上看，现阶段社团尚未形成自觉的、统一的政治要求。社团成员中的大多数人在政治上仅是一种自我保护的反应，只有一部分综合素质较高、经济实力较强的人，开始积极地将自己普遍关心的问题提升为政治要求，并努力在一定的场合以一定的方式反映出来（陆学艺，2002）。

现阶段我国社团组织尚未成为独立的政治势力，其政治参与的目的往往是获得政治中心的认可，获取一定的政治资本以巩固和扩大自己的经济利益。它们与主政者之间并不存在尖锐的利益对抗或政治分野，因此愿意被现时政治系统吸纳并获得各种政治参与的机会，而这实际上又是政府加强其社会控制力的一种手段。这样的政治参与所体现的是主政者和参与者共同的利益需要，即一方面主政者需要私营企业主的政治参与，以支持其政策并增强现行体制的合法性基础，另一方面政治参与者可以通过有限度的参与达到自己的目的（李宝梁，2001）。

为什么出现这种现象呢？我们认为，社团组织发展现状是国家权力对体制外力量实施控制的结果，社团的兴起和发展总体上是国家政策作用的产物，是政府和市场两种行为的结果，政府在让出一定的活动空间和部分自由流动资源的同时，仍保持了对社会的绝对主导地位，从体制上说，是一种"准单位制"。

在"官民二重性"的逻辑中，官方性和民间性是一个连续体的两个极端或者两个独立的维度，讨论的是官方性和民间性两个变量的消长、组合关系；

第四章 社会组织的性质：为官？为民？

而在"准单位制"的逻辑中，官方性和民间性是多维变量环境中的两个变量，还要加入制度以及社团组织自身发展状态等权变的情境变量。

在我国现有的参与模式下，社团成员与政府之间缺少一个利益代表、聚合和表达的机制，因而，在组织性和制度性的沟通渠道缺失的情况下，少数公民个人与政府的非制度性接触，使两者形成一种非正式的利益关系，就成为目前社团政治参与的主要表现形式。在这样一种参与模式下，社团政治参与就不可避免地表现出参与的制度渠道不足、参与层次较低、参与有效性不够和精英参与为主等困境。

其二，传统体制下的中国是单位制的中国，作为一种历史遗留，单位制不会一夜之间烟消云散，单位制在中国目前的现状是有所松动，而不是彻底解体，因此，看待中国政府的社会控制体制安排仍然不能脱离单位制的理解范式。

单位是中国特有的组织形式，单位作为中国政治结构的节点，可以被视为国家在基层的控制组织，国家通过单位将权力深入到社会基层，由此达成自上而下的统一管制（Walder，1988）。Shue（1988）指出，一种类似细胞状的、紧密内聚的、互不相连的共同体（cell-like communities）或地方主义副文化（subcultures of localism）是实际上支配农业地区（实际上不仅仅局限在农业地区）的普遍结构，而自上而下的控制关系只存在于这个结构的表面层次。这个结构可以用"蜂巢政治"（honeycomb polity）这个术语来阐释。

从社团组织的发展现状看，政府通过登记管理等相关制度安排，强化了政府对社团组织发展的引导与培育，社团组织承担了大量由政府赋予的管理职责，成为"第二行政"渠道，社团组织又通过政府赋予的合法性地位控制了一定的社会资源，转而与个人之间形成基于交换的互相依赖关系，这与传统体制下的单位制安排有着一定的相似性。

但两者的不同之处在于：传统体制下单位与个人的依赖关系是个人对单位的全面依赖，而现在体制下社团组织与个人之间的依赖关系是双方有限的部分互相依赖；传统体制下的单位是基于科层模式的执行结构，而现在体制下的社团组织是基于动员模式的执行结构。因此，"准单位制"是较为确切的描述。

第五章　社会组织战略管理与营销

材料一：中国青少年发展基金会（以下简称青基会）是由共青团中央发起成立的全国性公募基金会，贯彻共青团中央的期望是该组织建立的最初目标。2016年版的《中国青少年发展基金会章程》第一章第三条指出："本基金会的使命是，通过资助服务、利益表达和社会倡导，帮助青少年提高能力，改善青少年成长环境。本基金会倡导'社会责任、创造进取、以人为本、追求卓越'的价值观。"而在2020年版的最新章程中，除了对青基会原本的宗旨进行重新表述外，还另外增加了"本基金会遵守宪法、法律、法规和国家政策，践行社会主义核心价值观，弘扬爱国主义精神，遵守社会道德风尚，自觉加强诚信自律建设"的相关表述。自此，追求组织自身的发展被纳入青基会的宗旨与使命之中。组织使命的调整意味着组织战略布局的变化以及组织正在逐渐进行变形。总体来说，确定一个组织在当今社会组织中的定位，以及它与其他社会组织关系的协调，就是社会组织的战略问题。

材料二：还记得那个家喻户晓的"大眼睛"女孩苏明娟吗？1991年，一张以"我要上学"为主题的照片（图5-1）让全国人民记住了她。那双清澈的眼睛，透露着苏明娟对于知识的渴望，也引起了社会各界对农村失学儿童的关注。

这张照片在社会上引起了强烈的反响，也为希望工程提供了有力的宣传。这张照片的拍摄者解海龙说："当时有人这样评价，如果把希望工程比喻成一本书，那这张照片一定是封面；如果比喻成一个人，那它就是脸。"大部分为希望工程捐款的人，都是为了这张震撼人心的照片而来的。

然而，这样轰动一时的照片效应的产生纯属偶然，还是希望工程有意识地进行营销的结果？难道不以营利为目的的社会组织也需要营销吗？社会组织的营销和企业组织的营销又有什么区别呢？

社会组织管理是一个尚不成熟的学科，目前还未形成完整的理论体系和

第五章 社会组织战略管理与营销

图 5-1 解海龙摄影作品《大眼睛》(该照片被青金会用作希望工程的标志)

学科范式。社会组织普遍存在资金不足、决策专断、领域局限、工作业余等诸多问题，而我国的社会组织还存在分类模糊、效率低下、公信力不足、缺乏明确的发展方向和战略指导等个性化问题。导致这些问题的原因一方面是社会组织所面临的外部环境复杂，另一方面是社会组织内部管理创新程度不足。

随着市场失灵和政府失灵的出现，人们逐渐意识到，这些社会组织可以成为解决社会治理问题的主体之一，社会组织的发展获得了前所未有的机遇。同时，全球化、组织多元化、信任危机等也给社会组织发展带来了巨大的挑战。这就要求社会组织不断提高自身管理水平，适应环境的变化，在制定组织战略、开展营销活动、资金筹集方面不断努力。

第一节 社会组织的战略管理

近年来，社会组织发展十分迅速，在社会中扮演着不可或缺的角色。然而我国社会组织的内部管理水平与其发展速度不相匹配，严重阻碍了社会组织的发展。我国大多数社会组织沿用了政府机关行政管理的运作机制，并没有充分体现出社会组织应有的特征，发挥出其特有的使命。借鉴西方发达国家非营利组织的发展经验不难看出，那些历史悠久、宗旨清晰、影响面广的非营利组织其成功很大程度上归功于良好的战略管理。现在我国的大多数社会组织也已经意识到这一点，并开始学习和应用战略管理来满足社会组织发展和管理的需要。应用战略管理，社会组织可以明确发展方向和目标，分析和预测目前和将来的外部环境，采取积极行动优化自身在环境中的处境，以便迅速抓住机遇，降低因环境变化带来的风险。

一、社会组织战略管理概述

资本主义发展到信息时代、知识经济时代后，社会上的组织开始有了对应的能力和途径，可以通过影响外部环境来强化组织的竞争力。这就使对组织管理的关注，从传统的内部管理机制转向战略和商业政策，战略规划和战略管理的兴起正是这一进程的产物。

20世纪80年代以后，研究组织战略的成果逐渐出现，公共管理领域最早较系统讨论公共部门战略管理的著作有1988年布莱森的《公共组织和非营利组织的战略规划》，1990年波兹曼、斯特劳斯曼的《公共管理战略》，以及1992年纳特、巴可夫的《公共和第三部门组织的战略管理》。

（一）战略管理的含义

汤普森等（2019）给战略管理下的定义是："战略管理是一个过程，在这个过程中，高层管理者确定组织的长期方向，设定特别绩效目标，根据与组织相关的内外环境，制定出能达成这些目标的战略，并卓有成效地实施这些被选定的决策方案"。

波兹曼和斯特劳斯曼认为，各种非营利组织必须进行战略管理，才能解决非营利组织中所发生的问题，提高非营利组织的效率。战略管理内容包括处理组织的外部环境、使命和目标。战略管理途径有三个主要的特征：界定目标和目的，提出能够协调组织与环境的行动计划，设计有效的执行方法（Bozeman & Straussman, 1990）。

纳特和巴可夫认为，战略管理通过产生用以指导战略行动的计划、计谋、模式、立场和观点而为一个组织创造焦点、一致性和目的（Nutt & Backoff,

第五章 社会组织战略管理与营销

1992)。

迈克尔·波特（2005）认为，战略是高度整合、逻辑清楚、深思熟虑的概念，通过确定企业独特的定位而使之获得竞争优势。取得卓越业绩是所有企业的首要目标，运营效益和战略是实现这一目标的两个关键因素，但人们往往混淆了这两个最基本的概念。运营效益讨论的是持续变革、组织弹性以及如何实现最佳实践，而战略讨论的是如何界定独特的定位、如何作出明确的取舍、如何加强各项活动之间的有机衔接。所谓的竞争战略就是创造差异性，即有目的地选择一整套不同的运营活动以创造一种独特的价值组合，可以根据种类、需求、接触途径制定不同的组织战略。

亨利·明茨伯格1998年提出了对战略进行界定的综合的5P模型。从企业未来发展的角度来看，战略表现为一种计划（plan）；从企业过去发展历程的角度来看，战略则表现为一种模式（pattern）；从产业层次来看，战略表现为一种定位（position）；从企业层次来看，战略则表现为一种观念（perspective）；战略也表现为企业在竞争中采用的一种计谋（ploy）。

迈克尔·波特的观点是值得注意的，战略管理虽然可以体现为目标、计划、方案、谋略等形式，但其本质是组织通过明确自身的性质、职能而获取比较优势，战略管理将组织特征与行为紧密联系起来。

人类社会组织中，政府组织、企业组织是成功的两种类型，社会组织的战略管理的本质是通过与政府组织、企业组织区别开来，明确自身的性质、职能，从而获取比较优势。目前，我国社会组织的竞争有两部分：一是与其他社会组织之间的竞争，二是同样作为公共服务的提供者，与政府具有竞争关系。因此，我国社会组织的战略管理要解决两个问题：一是在整个社会组织体系中的定位。每个社会组织的宗旨与使命不同，社会组织要根据其不同定位，提供具有不同抽象价值偏好的、独特的、个性化的公共物品。二是与政府组织的关系定位。我国目前对于社会组织的发展采取培育、扶持与合作的方针。我国大多数社会团体具有浓厚的官方性，是政府的"代言人"；也有一些民间性与草根性更强的、自下而上形成的社会组织以相对独立的"人格"与政府达成合作关系。根据组织官方性与民间性程度的差别，社会组织要准确定位其与政府组织的关系。总体来说，与组织内部管理相比，社会组织的战略管理具有更加重要的地位。

◇ 社会组织管理 ◇

而在本书前面的章节中,我们进行了不同层次的分析,一直侧重对社会组织的内涵、性质、职能等的讨论,同时,我们强调对互动行为的理解和把握,从个体互动到集体互动,无非是为了在更加宏观和全局的层面上,准确把握社会组织的特点,并在互动意义上理解这些特点。与组织内部机制的作用相比,社会组织战略管理能力对于决定组织的竞争力和存在价值显得更为重要。

(二) 社会组织战略管理的特殊性

社会组织战略管理同政府和企业的战略管理相比,既有相似之处,也有独特的地方。相似之处在于,三者的战略规划都是根据组织的环境来决定其目标,明确其方向的;同时,根据组织生命周期论,政府、企业与社会组织的战略管理都呈现出周期性和阶段性的特点;最后,三者在战略管理设计以及方法的运用上也是类似的。

但是,作为公共组织的一种,社会组织带有明显的公共性特征,一些适用于政府和企业的战略管理原则、方法在社会组织中可能并不有效。相比企业和政府战略管理来说,社会组织战略管理具有自身的特殊性。

1. 与政府战略管理的区别

政府战略管理的目标是维持社会的稳定性,通过提供公共服务,保持一种社会秩序。政府需要获得普遍的认同,通过强制的方式来确保这种认同是持续的。它是唯一具有公共权力的组织,政府的公共价值一旦确定,随之而来的就是强制的价值维护机制。

社会组织的目标是满足一种不断发展的抽象价值偏好。社会组织战略管理目标的实现,依靠的是志愿的协商。社会组织有不断变革的动力,这种抽象价值偏好的核心是非经济伦理性问题,关心的是非经济伦理价值的主流地位。

具体来说,社会组织战略管理与政府战略管理存在以下差别。

1) 稳定性与灵活性

政府的战略管理是相对稳定的。政府战略管理的目标虽然也是抽象目标,但目标指向和内涵却比较明确,一般不会进行大的转移,因为转移就意味着需要重新获得广泛认同,这就带来对现实政府的合法性质疑。稳定的优

第五章 社会组织战略管理与营销

势在于产生可系统性的力量,但是随之而来的不足是适应性的降低,任何细小的威胁如果不能得到控制就会颠覆整个系统。

相反,社会组织的战略管理是相对灵活的。社会组织的目标是满足抽象价值偏好,而偏好是不断发展的,在一个时期占主流的偏好,在另外一个时期可能会发生转移。灵活的优势在于适应性强,但是它也会带来更多的不确定性,使社会组织难以形成与政府之间整体的竞争优势,即使是美国强大的公民社会,其力量也不足以与政府相抗衡。

2)唯一性与多样性

政府战略管理目标的实现,依靠的是强制力,只有强制力才能保证目标不会偏离。政府战略管理目标就是维持自己的唯一性以形成竞争优势,不可以被其他国家威胁,也不可以由其他社会组织的一种或者联合起来的形式取代。这种唯一性的保障需要的是国家主权的唯一性,国家主权依赖的是国家的暴力。所以,政府依靠强制力来进行战略管理,形成竞争优势。

相反,社会组织战略管理目标的实现,依靠的是志愿的协商,目标的偏离意味着价值偏好的偏离,这非但不需要纠正,反而社会组织需要的正是这种不断丰富的偏好。社会组织战略管理的目标是体现自己的独特性以形成竞争优势,每一个社会组织因为具有独特性而不会被其他社会组织取代。这种独特性的体现需要组织保持多样性,而多样性的实现依靠的是志愿的偏好。所以,社会组织依靠志愿协商来进行战略管理,形成竞争优势。

3)秩序取向与非营利取向

政府战略管理的核心问题是认同,所以战略管理方式的选择要服从认同的需要,这就是各国政府关心效率、公平、平等等诸多价值的原因。诸多价值不可能完全协调在一个体系内,政府只能有所侧重和取舍。因此,政府实际上不可能兼顾公民所有的价值诉求。

政府更关心的是诸多价值背后促进社会秩序稳定的力量。现在世界各国的战略管理差异巨大,他们的着眼点并不都是民主国家关心的自由、平等问题,但是所有政府战略管理都关心秩序,秩序意味着广泛认同。

社会组织战略管理的核心问题是偏好的非经济伦理性,所以方式的选择要服从社会伦理道德的需要。社会组织可以容纳所有的价值取向,有什么样的社会道德伦理,就有什么样的社会组织与之匹配,社会组织可以非常明确地声张组织成员的价值偏好。

社会组织更关心的是非经济伦理价值的主流地位。社会组织之所以有资格成为社会治理的主体之一，根本原因是它们所倡导的非营利价值取向，虽然这不足以形成相对政府的竞争优势，却可以形成相对企业的强大竞争优势。企业也有企业倡导的经济伦理，但是经济伦理自身的缺陷，成为社会组织增加竞争力的源泉。

2. 与企业战略管理的区别

企业战略管理的目标是追求自身利益的最大化，通过利润增进股东权益。企业战略管理目标是实现一种具体的私人组织利益，这种具体利益考虑的核心是资本的增值问题，关心的是效率。

社会组织的目标和使命带有公益性质，抽象价值偏好是目标设计的基础，抽象价值偏好难以通过成本收益的具体价值比较，而只能通过人们的主观感受进行衡量。因此，社会组织战略管理目标是实现一种抽象的社会价值，这种社会价值考虑的核心是非经济伦理问题，关心的是变革、效果、公平、关爱等。

具体来说，社会组织战略管理与企业战略管理存在以下差别。

1) 具体目标与抽象目标

企业的目标通常都很具体，就是追求本企业的利润最大化，投入和产出是需要具体比较的，在企业中效率占有极其重要的位置。但社会组织则不同，作为弥补市场失灵和政府失灵的产物，社会组织战略制定的环境复杂、多元和不确定，导致为了创造更多的社会价值，其目标只能通过抽象的、模糊的方式表达。对社会组织而言，公平显得更为重要。

2) 营利使命与非营利使命

企业以利润为中心，营利是其首要目的，着眼于扩大市场与增加利润。相反，社会组织以实现自身使命为中心，不以营利为目的，更看重自身的宗旨、使命和价值观，强调如何实现使命。使命在社会组织的战略管理中占有重要地位。

3) 内部满意与社会满意

企业只要获得较高的利润，基本能使企业内部满意。社会组织要面对更多的群体——受益者、捐赠者、志愿者、理事、专职员工、社区成员等，这些群体的想法与需求差别可能较大,存在复杂的利害关系。社会组织因其自身的宗旨、使命和价值观,相比于企业更需要社会满意。

4) 不确定性与确定性

企业的目标是获取利润和实现组织的发展,企业的产品、生产、流通、服务对象的选择是不确定的。社会组织的目标相对是比较确定的,对应的是相对确定的组织业务。社会组织成立时所阐述的宗旨就已经限制了组织的业务,这种业务所提供的服务在一定时间内是确定的。

5) 封闭性与开放性

企业的战略实现最终体现在提供的产品和服务在市场竞争中占据有利位置,同时得到客户的认可,组织通过向客户提供产品或者服务来获取资本收入,弥补成本和回报股东,形成一个闭环资源链。社会组织的收入一部分来源于组织提供产品或者服务的收益,另一部分来自个人或者组织的捐赠以及政府的经费划拨,因此无法形成一个严格的封闭系统。

二、社会组织的战略分析

社会组织战略分析主要是指对较长战略时期的内外环境进行综合调查、分析,确定这些环境因素对组织战略过程的影响,从而为战略管理过程提供指导的一系列活动。社会组织的环境分析主要包括外部环境分析和内部环境分析。

(一) 社会组织的外部环境分析

社会组织外部环境因素的分析通常包括两个层次:第一是社会的宏观环境分析,主要包括政治、经济、社会、科技、人口及法律等因素;第二是相对第一层面而言的,主要包括与社会组织有着直接关系的微观环境因素,即利益相关者。

宏观环境分析中最常见的方法是 PESTN 分析,具体是指从政治法律(P)、经济(E)、社会文化(S)、技术(T)和自然环境(N)五个方面来分析(张玉利,2004)。PESTN 分析法通常要借助各种社会、经济以及其他学科已有的研究成果,但对组织有关问题还需进行进一步的研

拓展知识

PESTN分析

究。由于外部环境分析需要借助许多相关学科的知识，而每个组织的情况又有很大的差别，因此PESTN分析没有通用的和一般性的方法，需要具体问题具体对待。

微观环境的分析主要是对其利益相关者的分析，由于社会组织的特殊使命，这些利益相关者能够参与或影响组织的战略制定。社会组织的利益相关者主要包括社会组织的竞争者、顾客、内部职员、所在社区、各方利益代表、政府等。

（二）社会组织的内部环境分析

社会组织的内部环境分析主要针对组织拥有的资源以及组织能够获得的、可用于支持自身发展的资源。通过对内部资源的自我测定，可以确认组织的需要，寻找组织的可用资源，为社会组织的战略制定提供依据。对社会组织内部环境的分析，既要注意对有形资源的分析，如资产的审计或评估，又要注意对无形资源的分析，如对管理水平、服务质量、组织名望的评价；既要注意对内部资源的现状进行分析，又要对内部资源的利用和开发潜力进行分析；既要注意对内部资源的重新配置潜力进行分析，又要注意对内部资源与外部（不为组织所拥有的资源）的重新联合潜力进行分析。

我们可以通过内部因素评价矩阵（IFE）对内部因素进行分析总结，这一战略制定工具可用来总结和评价组织的优势与弱点，并为确定和评价这些领域间的关系提供基础。

拓展知识

IFE矩阵建立的五个步骤

除了采用IFE分析法，将组织的业绩表现与同行业或类似的社会组织进行比较，也有助于收集有关业绩标准，进一步明确组织的资源占有和稀缺状况，我们称之为行业标准比较法。这种方法需要根据组织的不同业务活动来分别进行，而不对组织的整体业绩表现进行比较。

（三）社会组织战略管理分析工具

通过对社会组织内外部环境进行分析，能了解到组织的环境特征与自身的优劣势，但要制定出好的战略，还要将内外因素进行匹配，寻找内外资源

第五章 社会组织战略管理与营销

的最佳结合。常用的工具有：SWOT 矩阵、BCG 矩阵、IE 矩阵、麦克米兰矩阵、SPACE 矩阵以及大战略矩阵。然而，由于社会组织关注社会效益而非经济效益，因此，并非以上工具都适用，这里我们主要介绍 SWOT 矩阵、BCG 矩阵。

1. SWOT 矩阵

SWOT 矩阵是用来确定组织自身的竞争优势（S）、竞争劣势（W）、机会（O）和威胁（T），是将组织的战略与组织内部资源、外部环境有机地结合起来的一种科学的分析方法。在使用 SWOT 矩阵制定战略时，组织试图将战略建立在自身优势的基础上而消除劣势。当一个组织不具备利用机会去避免威胁所需的技能时，可以从 SO、ST、WO、WT 匹配分析中识别必要的资源，并采取措施获得优势而减少劣势（图 5-2）。社会组织在使用这一工具时要根据组织自身情况进行匹配分析，结合组织外部环境与自身资源情况制定合适的战略。

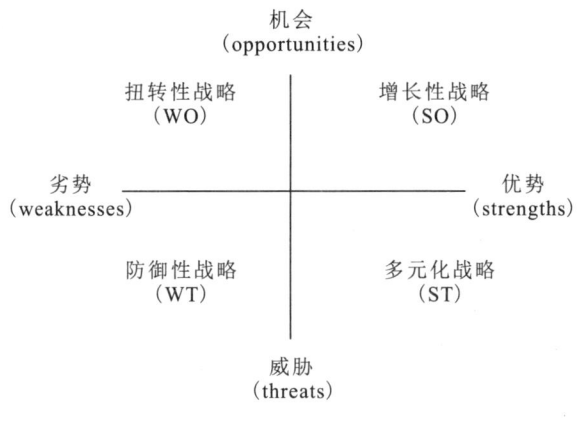

图 5-2 SWOT 矩阵

2. BCG 矩阵

BCG 矩阵，即波士顿矩阵，是多元化公司进行战略制定的有效工具。它通过把全部产品或组合作为一个整体进行分析，解决相关经营业务之间现金流量的平衡问题。根据有关业务的产业市场增长率和相对市场份额标准，波士顿矩阵可以把全部经营业务定位在四个区域中，分别为高增长、高竞争地位的"明星"业务,高增长、低竞争地位的"问题"业务,低增长、高竞争地位的"金牛"业务,以及低增长、低竞争地位的"瘦狗"业务(图5-3)。

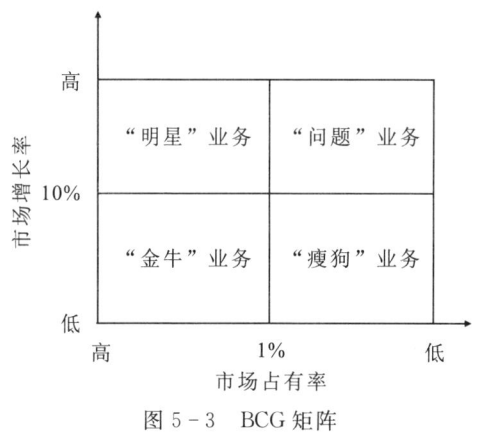

图 5-3　BCG 矩阵

由于公共性所带来的组织特征,纳特和巴可夫认为公共部门的战略管理者在运用私人部门管理的一些原则(如确切的经营目标、利润或经济企图,行动权限不受限制,秘密发展,对行动承担有限责任,密切关注反映财务结果的市场机制)时,必须小心谨慎。

因此他们将 BCG 矩阵加以改造,用于社会组织的战略分析。当 BCG 矩阵运用于社会组织战略管理时,要分别用"利益相关者支持程度"和"可控性"两个指标代替"市场份额"和"行业成长性"两个指标。"利益相关者支持程度"显示了将要受到影响的人们所持的态度。"可控性"指组织成功地解决某一议题的可能性,它依赖于技术

拓展知识
四种类型组合

问题和目标人群的类型、人口构成、可变性。"可控性"和"利益相关者支持程度"的不同匹配可产生怒虎类(Angry Tigers)、坐鸭类(Sitting Ducks)、黑马类(Dark Horses)、睡狗类(Sleeping Dogs)四种类型组合。

社会组织可以通过合理评价不同的业务单位,针对业务在矩阵中的位置选择相应的战略。

三、社会组织战略管理流程

在完成了社会组织战略管理前期的准备工作及战略分析之后,就进入了

战略制定、实施与控制阶段。具体流程包括以下五个步骤。

1. 制订方案

在制订战略过程中，当然是可供选择的方案越多越好。社会组织可以从对自身整体目标的保障、中下层管理人员积极性的发挥以及组织内部战略方案的协调等多个角度考虑，选择自上而下、自下而上或上下结合的方法来制订战略方案。

2. 评估备选方案

评估备选方案通常使用两个标准：一是考虑选择的战略是否发挥了组织的优势，克服了劣势，是否利用了机会，将威胁削弱到最低程度；二是考虑选择的战略能否被组织利益相关者所接受。需要指出的是，实际上并不存在最佳的选择标准，管理层和利益相关团体的价值观和期望在很大程度上影响着战略的选择。此外，对战略的评估最终还要落实到战略收益、风险和可行性分析的财务指标上。

3. 选择最终战略方案

在对备选方案进行评估的基础上最终挑选出适合本组织的方案。当用多个指标对多个战略方案的评估结果产生不一致时，最终的战略选择可以综合考虑社会组织的具体目标和使命等因素，选择适合本组织发展的战略方案。

4. 战略实施

拓展知识

战略评估步骤

实施规划是战略管理的关键，但往往也是最困难的，会面临许多意想不到的阻力，主要涉及以下一些问题：如何在组织内部各部门和各层次间分配及使用现有的资源；为了实现组织目标，还需要获得哪些外部资源以及如何使用；为了实现既定的战略目标，需要对组织结构做哪些调整；如何处理可能出现的组织文化的适应问题；如何进行组织文化管理，以保证组织战略的成功实施；等等。

5. 监督和评估

一旦战略规划得以实施，就必须建立相应的监督评估体系，主要措施是建立控制系统，并通过它监控战略实施情况，同时监督其本身（控制系统）的运行情况。这主要需要强调三个方面的因素，即使命达成度、外部环境的变化和内部环境的变化，并以此对战略实施进行评价以及采取必要的纠正行动。

四、社会组织的常用战略

由于社会组织面临的内外部环境各不相同，因此在战略选择上存在一定的难度，关键是要根据组织自身状况进行选择。关于社会组织的常用战略，如果分析角度不同，那么战略选择上也会存在差异，主要有营销战略、筹资战略、借力发展战略、兼并战略、联盟战略等。本章第二节、第三节会重点介绍社会组织的营销战略和筹资战略，所以这里主要介绍后面三种战略。

1. 借力发展战略

借力发展战略是由R. P. 尼尔森创造性地应用于非营利组织的战略形式。这种战略是根据非营利组织自身的特点，开发合适的经营项目创造收入，为实现非营利组织的使命提供充足的资金支持，但在实施过程中可能会面临几个问题：新的经营活动在短期内需要资金的投入，可能会进一步加剧资金短缺状况；可能会导致组织目标偏离、影响组织日常工作；可能会减少资助者的支持等。

2. 兼并战略

资源的稀缺性使得社会组织不得不考虑实施兼并战略。通过实施兼并战略，可以利用规模效应节约社会资源，同时实现组织的使命和目标。在实施兼并的过程中应当注意以下几点：不同的社会组织在实施兼并时首先应考虑它们的组织使命和组织文化是否一致或类似，同时还应注意组织间的管理机制，如果处理不当，不但不会产生综合效益，反而会增加内耗、降低效率。

3. 联盟战略

联盟战略，多运用在企业的战略管理中，它是两个或两个以上的企业或组织为了达到共同的战略目标而采取的相互合作、共担风险、共享利益的联合行动。这一战略也同样适用于社会组织。社会组织的联盟战略不仅包括组织之间的联盟，还包括与社会组织的合作，通过联盟，实现资源共享、共同发展。

第五章　社会组织战略管理与营销

第二节　社会组织如何营销？

一、营销和社会组织的营销

"营销"一词源自工商管理领域，英文是"marketing"。现代营销学之父菲利普·科特勒（Philip Kotler）认为，营销是一种非常普遍的社会行为，它不仅仅是销售某些商品，更是销售一种理念、一种行为，具体到社会组织，就是要把自己的组织使命和任务介绍给大众，使大家对这一行为和任务有一个直观的认识，告诉人们，我们为什么要筹款，筹款的目的是什么。

（一）社会组织营销的兴起

我国社会组织营销与西方非营利组织营销的发展一脉相承。早在20世纪60年代，西方非营利组织的管理者就开始使用营利组织中的管理和控制方法，如会计制度设计、人事管理、战略计划等，但他们却迟迟不肯接纳营销的观念，因为他们总认为营销在非营利组织中是毫无必要的。随着经济的发展，公众对于社会公共服务的要求越来越高，非营利组织在满足社会公共服务需求方面所承担的任务显得越来越重要，与此同时，大量的非营利组织逐渐涌现出来，也产生了一系列的问题，如消费者对其服务不满意、运营成本上升、所接受政府和公众的捐赠大幅减少等问题，阻碍了非营利组织的发展。

美国的许多非营利组织正是因为运用了市场营销原理来指导其管理活动，才取得了良好的经营效果。如美国伊利诺伊州的伊文斯顿医院还首创在医院中聘请营销副总裁，负责医院的宣传和品牌创立等工作，取得了很好的效果。另外，一些慈善性机构也加入到营销队伍中，著名的"大赦国际"把自己定位成从事世界和平事业的组织，并为其产品包装上了"解放思想犯"的品牌名称和象征性包装，使这项运动成为"一支被带刺铁丝网包围着的燃烧的蜡烛"，获得了很多捐助者的肯定。

随着营销原理在非营利组织中的逐步运用，非营利组织所获得的捐款也逐年增加，以美国慈善机构为例，1992年美国164 429个公共慈善机构吸引了905亿美元的赞助，总资产达7938亿美元，而在20世纪80年代初，美国所有的公共慈善机构吸引的赞助不到80亿美元，总资产也只有600亿美元。

良好的营销效果使非营利组织越来越相信，市场营销的确是解决顾客减少、捐助额下降等问题的一剂不可或缺的良药（余娟，2002）。

(二) 社会组织营销的本质

科特勒的观点是20世纪70年代在美国西北大学形成的，现在代表着主流的观点。他将营销视为一项可以促进相关价值的"志愿交换"的管理功能，将营销概念从传统商业领域的"供应者—顾客"之间的交换延伸到非营利组织、社会事业及其他公共领域，认为在这些领域应当应用营销观念，通过满足交易伙伴的需要和愿望来实现它。还有学者认为，尽管"志愿交换"有助于理解很多商业公司的商业性行为，但是"志愿交换"概念会毫无意义地限制非营利组织使用"营销"概念，营销应该定义为"一种行为改变的技术，是组织用来使大量人群做事的工具"，营销是包括两种方法在内的行为：一是说服性沟通，二是调整现有的行为模式。此外，营销区别于暴力、禁令以及限制性条款，是使"不受控制的人受到影响"的方法；营销也区别于心理分析、洗脑等永久性或结构性的改变，而是仅限于个体出于某种简单的原因而必须采取的表面上的行为改变。对一个社会组织或事业型组织而言，满足客户需求的概念是荒谬的，而与其核心理念相关的行为是说服别人同意自己的观点。

凯瑞（Kerry P. Curbs）等认为与营利性组织营销不同，非营利组织所生存的环境是一种利益相关者的环境，非营利组织的发展将依赖于其将战略性适应行为与利益相关者的利益结合起来的能力。非营利组织营销不是"客户取向"（customer-oriented），而是"利益相关者取向"（stakeholder-oriented）的。为了与利益相关者建立关系，非营利组织管理者不仅需要利用当前的项目优势，而且需要探索新的机会来获得更多的利益人网络（侯俊东等，2009）。

随着社会组织数量的日益增加，各组织间的竞争日趋激烈，在这种情况下，社会组织开始认识到提升品牌形象、加强自我宣传的重要性，市场营销也因此在社会组织中逐渐推广开来。在科特勒看来，社会组织所采取的营销战略和战术与营利性组织所采取的并无本质上的太大差别。首先，社会组织必须获得资助者和支持者的充分信任，才有可能在有限的慈善市场的竞争中取胜;其次,社会组织要想增强生存能力,就必须找到新的方法来适应获得资助变得越来越有竞争性这一变化。

二、社会组织营销的特点及过程

(一)社会组织的营销特点

与企业营销相比,社会组织运用营销战略对组织的发展同样至关重要,二者都需要对营销环境进行分析,同样需要运用营销的 4P 策略。但是,从根本上说,社会组织与企业是两种不同类型的组织,两者的产权及目标不同、资金来源和处置不同,这就决定了社会组织营销必然有不同于企业营销的特点。那么社会组织营销与企业组织营销有什么不同呢?

1. 营销对象的多重性

企业的营销对象是产品或服务的消费者,而社会组织营销有两类对象:一类是"顾客",另一类是捐赠者。前者涉及资源的分配,后者关系到资源的筹集。顾客是社会组织产品或服务的使用者,捐赠者则包括个人、企业、政府等。

2. 目标的多元性

企业无疑将追求利润最大化作为其营销的目标,而社会组织营销的目标具有多元性,最主要的目标是实现组织的使命,造福整个社会,当然同时要尽可能地增加收入,使组织生存、发展、壮大。因此,它至少是一个带有双重目标的组织。

3. 非顾客导向型

在市场经济中,企业总是以顾客为导向,为更好地满足消费者的需要和欲望,可以经常改善提供的商品和服务。而社会组织则有所不同,由于组织在成立之初就确定了自身的使命和从事的公益领域,其产品和服务是不易变更的,受众群体也是相对单一。因此,社会组织的营销也就存在一定的难度。

4. 要接受更严格的公众监督

由于社会组织享有税收优惠并能获得无偿资助,而且很多工作人员都是志愿者,因此,它开展营销活动时往往要接受更严格的公众监督,它的一举一动也常常引起大众媒体、捐助者和顾客的关注。社会组织所受的公众压力远远大于营利组织，有时公众压力还会为社会组织带来负面影响。

（二）社会组织的营销过程

1. 分析营销环境

在分析社会组织的营销环境前，进行一定的市场调查和预测，了解顾客需求变化的发展趋势是十分必要的。在此基础上，社会组织需要分析市场环境的各基本因素，如经济、政治等，研究其对营销的影响，从中发掘出市场机会和威胁，以便采取相应的措施和策略来实现营销目标。

拓展知识
分析营销环境举例

2. 进行市场细分并选择目标市场

与营利性组织相似，社会组织可以根据人口因素、心理因素、购买行为因素、地理因素等对市场进行细分，从而确定其目标市场。社会组织在选择目标市场时，应该根据自身的条件选择最适合的服务对象。目标市场的确定将使社会组织的营销有的放矢，能有针对性地制定有效的4P策略，提高社会组织的经营管理水平，增强市场竞争力。

拓展知识
市场细分及目标市场选择举例

3. 制定4P策略

所谓4P策略，即产品（Product）、价格（Price）、渠道（Place）、促销（Promotion）策略，它是社会组织营销中十分重要的内容。社会组织通常将以上四种营销手段综合起来，制定市场营销组合策略，以实现组织的营销管理目标。

拓展知识
制定4P策略举例

4. 实施和控制营销活动

有一条著名的原则强调，"即使是最好的和制定得最细致的计划也可能无所适从，除非它能得到有效的实施和控制"，由此可见实施和控制在社会组织的营销活动中的重要作用。社会组织应为实施计划构建良好的组织机构，并做好职责安排和方案预算，只有这样，一个周全的营销计划才能得以顺利

第五章 社会组织战略管理与营销

实施。而对营销活动的控制则可以把由工作本身和人为因素造成的偏差控制在可接受的范围内,从而保证营销活动有较大的实现目标的可能性。

三、社会组织的营销策略

(一) 产品策略

社会组织提供的产品是看不见、摸不着的无形服务,它与企业提供的产品最大的区别就是购买者和使用者的分离。制定产品营销计划时,首先必须确定推出什么样的产品才能更好地满足目标市场的需求,要想吸引购买者就必须实施差异化战略。例如,新希望集团在推动产业扶贫的"1+1+1+n"模式的过程中,通过推广集约化生猪养殖项目,采用"政府＋龙头企业＋养殖大户＋n个贫困户"的模式,带动贫困户脱贫增收,这种绑定项目式的扶贫,具有稳定性与持续性的优势。在金融危机之后,香港的投资者与投资金额不减反增,也是源于其优秀的产品策略,社会组织的产品向企业的体验式产品策略转型,也是其重要的优越性。

拓展知识
产品策略步骤

(二) 价格策略

服务收费是社会组织获得资金的重要来源。社会组织在采用产品定价策略时,首先要以组织的宗旨为中心进行定价。宗旨赋予了社会组织一定的公益使命,它要求组织不能以牟取私利为目的。虽然社会组织具有"非营利"的特性,但是这并不是说社会组织不能通过定价策略来获得剩余收入,只是这部分收入不能在个人之间进行分配。社会组织可以用这部分收入来扩大组织的规模,促进事业的发展,从而更好地为人民和社会服务。

价格是目标受众为接受某种行为而必须付出的成本。这种成本分为两种:一种是有形成本,如金钱;另一种是无形成本,如时间、精力、旧的习惯、情感等。社会组织在采用定价策略时,要考虑到影响定价的非货币成本。例如,比尔及梅琳达·盖茨基金会曾在非洲开展儿童疫苗接种项目,由于文化与宗教观念等方面的不合,遭到当地人的抵触与妖魔化,他们认为疫苗是医生为当地带来的疾病与灾难,可见无形的价格成本是影响社会组织营销成果的一大因素。

(三) 渠道策略

对社会组织来说，渠道营销主要涉及以下两个方面。

一是社会资源的收集渠道（如募资渠道）。社会组织与企业不同，它们没有资本金，也没有利润导向的组织活动，必须依靠其他资金来源，例如捐赠。因此，募捐是社会组织一项非常重要的工作。传统的依靠组织自身的管理人员进行劝捐、劝募的方式已无法适应社会发展，这就要求社会组织将募资活动外包，寻求专业团队的帮助，而协助社会组织本身也是一种广告行为，对承包方而言，其广告价值已经远胜于其经济价值。

二是社会资源的使用渠道。社会组织应将自己的产品和服务以最便捷的方式提供给目标群体，但大多数社会组织都缺少资源，尤其缺少完备的渠道资源。因此，他们必须寻求外部专业支持与协助。社会组织要善于利用渠道分担成本，利用各大物流企业的分销网络，提供时空上的便利性，使少量的资源能够充分发挥效用。

(四) 促销策略

1. 广告宣传

宣传是一项长期性和超前性的工作，在广告宣传中，应具体做好两方面工作。一是广告形象代言人的选择。社会组织的活动具有公益性的目的，形象代言人自身具备的特质应该与活动本身所要传达的宗旨和目标和谐一致，在品质上具有可信度，如"大眼睛女孩"苏明娟的宣传。二是媒体的选择。媒体形式包括广播媒体、印刷媒体、电子媒体和展示媒体等，广告宣传可选择的媒体种类较多，具体应以目标群体特征、产品特性、信息类型、成本预算及宣传影响力等因素作为选择依据。

2. 公共关系营销

公共关系营销是社会组织为塑造自身的良好形象，赢得公众的支持与合作，运用大众传播工具和传播技能，在组织与公众之间开展双向信息沟通，树立形象，协调促进等的一门管理功能和营销艺术。社会组织应当设立公关部门，负责维系与政府、企业、媒体和公众的关系。政府向慈善组织提供资金和税收优惠等物质支持，与企业的合作可以降低社会组织的营销成本；媒体是提升社会组织知名度、推广理念及吸引资源的快捷方式与手段；公众的支持和参与，是社会组织有效运行的保障。

（五）合作营销策略

所谓合作营销，主要指特定的营销主体为了实现竞争力的提升、经营绩效目标的改善，有意识地通过一系列特殊的组织与制度安排以实现营销资源在其组织内部以及其他组织之间的有目的地流动，从而使营销资源取得比原有价值简单相加更大的营销绩效而开展的一系列合作活动（董文琪，2007）。

参与合作营销可以分享其他组织的专有资源，通过对资金、技术、产品、渠道、客户的重新整合，改善现有的运营状况，还可以通过合作的方式减少社会组织的成本预算，提高资金的运作效率和服务能力。

（六）顾客导向型营销策略

社会组织的顾客包括消费者、捐助者、志愿者和政府等，随着社会的发展、竞争的激烈化，顾客的满意度成为社会组织生存和发展的关键因素。只有消费者满意，才能产生顾客忠诚，从而促进产品的销售；只有捐助者满意，才会向社会组织捐款；只有政府满意，社会组织才有生存和发展的空间，得到政府拨款和税收优惠。社会组织营销应该以顾客的满意度为导向，才能解决财政困难，提升筹款能力、志愿者招募能力，提高员工的整体素质以及服务质量，才能在竞争中胜出。

（七）品牌形象策略

美国市场营销协会对品牌的定义是：品牌是一个名称、术语、标记、符号或者图案设计或者是它们的不同组合，用以识别某个或某一类企业或组织的产品或服务，使之与竞争对手的产品和服务相区别。社会组织要借鉴市场营销的思维和企业化的运作规范来树立自身品牌的良好形象。随着社会的变迁和营销环境的变化，"形象消费"成为一种新的消费观念，较高的知名度和良好的组织形象可以对消费者的心理产生强有力的暗示，影响和促使他们做出选择。要想树立良好的品牌形象，关键在于提高组织的公众信任度，优势品牌的背后必然要有社会公信力的强力支撑。社会组织要想建立广泛的影响力和良好的公信力，不仅需要制定透明的管理制度，更需要先进科学的营销理念作为支撑。

第三节 钱从哪里来：社会组织的筹资管理

2008年5月12日，四川汶川发生里氏8.0级大地震。一方有难，八方支援，众多志愿者从五湖四海聚集而来，许多民间慈善组织也涌现出来，汶川震后慈善捐赠金额首次突破千亿元。这使得政府开始意识到社会组织在民间救灾中的重要作用，推动了民间公益迅速发展。

在民间救灾的过程中，网络用最快的速度送去国人对于汶川同胞的关注，天涯、淘宝、搜狐、腾讯等网站第一时间联合壹基金号召网友进行网上募捐。5月12日14时29分，几乎就在汶川地震发生的同时，天涯社区就出现了网友报告地震的帖子，随后网络募捐数额直线攀升。这一年也成为我国互联网公益的元年。

在近两年发生的新冠肺炎疫情中，我们也可以看到，互联网已经成为社会组织筹资的主要渠道之一。除此之外，我国社会组织获得资金的渠道还有哪些？社会组织获得资金后又会如何使用呢？

一、社会组织筹资概况

（一）什么是社会组织筹资

筹资一般是指筹集资金。社会组织筹资是指社会组织利用各方面的资源有效地开展筹款活动，以完成组织的使命。

如何有效地开展筹款活动？从营销导向来看，有如下三个阶段：一是产品导向阶段。大部分款项通过高级管理人员的"关系网"获得。组织依赖志愿者获得其他额外款项，少量捐赠专一的人士提供了这些社会组织的大部分款项。二是推销导向阶段。其理念是"有许多有捐款意向的人们，我们必须走出去发现他们，说服他们提供捐赠"，社会组织通过所有可能的途径募集资金，筹款人对于组织本身政策和特点的影响很小，许多大型社会组织正处于这个阶段。三是消费者导向阶段。其理念是"必须分析我们在市场中的位置，关注那些兴趣和我们一样的捐款人,设计使捐款人满意的募款计划"。越来越多的大型社会组织已经进入这个阶段。

(二) 社会组织的筹资原则

社会组织筹资原则是社会组织自我规范筹资行为和进行筹资决策的基本原则,用以评价筹资的效益。

1. 筹资基本原则

社会组织筹资的基本原则:一是合法,社会组织的筹资方式要合乎法律规范和有关规章制度。在筹措资金时,要遵循法定程序,并严格履行筹资过程中的各项权利和义务。二是择优,在多项筹资方案中,要通过比较的方法,选择最优的方案。三是风险与效益相统一,这是由社会组织的性质和使命决定的,社会组织在筹资时,要规避相应的风险,把筹资过程中所带来的风险和效益有机地统一起来。

2. 战略性原则

战略性原则即从宏观上把握筹资的基本方针和原则。一是保持控制权。筹措资金是为了履行社会组织的职能和使命,但不能因此而失去对组织的控制权,丧失组织的独立性。二是以用定筹。筹措资金的根本目的是使用,是要用筹措的资金来履行社会组织的职能和使命。筹而不用,不如不筹;用多少,筹多少。若筹大于用,必然会造成浪费,增加筹资的成本。

3. 战术性原则

战术性原则是从具体筹资方式上,把握各筹资方式选择、取舍的基本原则和标准。它包括以下内容:一要筹资成本低。筹资成本是指筹措资金时花费的代价,即在宣传、组织人力、交通等筹资过程中发生的各项费用。筹资成本最低不是指筹资成本额最小,而是指筹资成本额与筹资总额的比率最小。二要筹资时机好。筹措资金一定要把握机遇,在最佳的时刻,选择最有利的方式,因此,社会组织必须关注国内外政治经济环境和政策的变化。三要筹资组合佳。筹资组合也称筹资结构,是指各种筹资方式所取得的资金占总资金的比例关系。在进行筹资决策时,要寻求最佳筹资组合。

(三) 社会组织与营利组织的筹资区别

社会组织自身的特殊性导致其与营利组织在筹资方面存在一定的差异。社会组织筹资与营利组织筹资最根本的区别在于组织建立与运营的动机不同。这使得二者的筹资目的、渠道及绩效考核指标也各不相同。

1. 筹资目的不同

营利组织筹资目的就是营利、谋求利润。企业筹资是通过满足以下四个方面达到营利的目的：第一，实现企业资金流量的增加。当企业当前的资金不能保证投资的资金需要时，可通过筹资来补充资金增量，通过资金流量来获得收益。第二，实现企业扩张。投资者希望自己的投资能以最快速度增值，经营者想在规模上取得规模效益，资本快速增值和规模效益必须建立在不断投入资本的基础上，增加资本投入必须进行资本筹集。第三，调整资本结构。资本结构决定了一个组织的偿债能力、盈利能力，只有当权益资本和债务资本保持适当水平，才能有利于生产经营。企业通过筹资平衡资本结构，权益资本比例较高时就通过筹集债务资本进行调整，债务资本较高时就通过筹集权益资本降低负债比例。第四，保持营利的控制权。股权结构体现了所有者对企业的控制程度，当拥有控制权的一方发现股权结构对自己不利时，可以通过董事会决议筹集适量的债务资本来收购一定的股份，维持对企业的控制权。由此看出，营利组织通过筹资保证有足够的资金投入生产经营，通过生产经营获得更多的资金，产生利润，使投资者得到资财收益，达到筹资目的。

社会组织筹资追求的是多种目标，其筹资的第一个目的是保证组织的基本运作。保证社会组织的设立、生存需要的资金额度是社会组织筹资需达到的第一个目标，也是实现筹资第二个目标的基础。筹资的第二个目的是实现社会组织的社会任务。社会使命的完成与否是社会组织筹资的出发点和归结点。社会组织筹资的最终目的是实现组织的使命，实现社会效益。

2. 筹资手段不同

营利组织的筹资渠道和方式主要有：①引入政府投资或权益筹资；②引入其他组织、个人投资或权益筹资，以及进行负债性筹资，包括借款、发行债券、租赁、商业信用筹资等。营利组织向政府、其他组织和个人进行筹资具有有偿性，需用未来的现金或劳务进行偿还，并给付一定资金成本。

社会组织的筹资渠道和方式主要有：①向政府申请财政拨款和补贴，申请项目支持和政策支持；②向其他组织和个人收取会费、吸收捐赠或个别进行负债筹资，挖掘自身潜力，利用组织资源进行合法运营，进行收益性筹资。社会组织除负债性筹资外，向政府、其他组织和个人进行筹资具有非偿还性的特点。

3. 筹资绩效考核指标不同

企业筹资目的是营利，可以通过利润指标对其筹资绩效进行考核，利润指标对营利组织筹资的及时性、足额性提供量化分析依据，也便于不同组织之间进行比较。

社会组织筹资的目的是实现其社会使命，社会使命最终要达到什么程度，在实现目标的各个阶段需要多少资金，什么时候筹集资金成本最低，筹集到的资金进入组织后能产生多大的效益，能在多大程度上帮助组织实现自己的目标等，没有一个具体衡量标准，因而筹资各部门责、权、利无法十分明确。

三、我国社会组织资金的主要来源和筹资方式

（一）我国社会组织资金的主要来源

1. 政府

这里的政府指的是一般意义上的政府行政机关。政府是一些社会组织资金的主要来源，其资助方式有直接拨款、项目委托、政府采购、税收减免等。随着政府改革的不断深入，迫于财政压力和社会转型的需要，政府将逐渐减少对社会组织的经费投入。与此同时，随着社会组织从政治领域转向公共领域，社会对组织提供的产品和服务的需求不断增加，使得政府的资助更加不能满足社会组织生存与发展的需要。这就迫使社会组织为了维持生存和发展，必须寻求其他的筹资渠道，而不是过度依赖于政府支持。

2. 企业

企业是慈善捐赠最主要的主体之一。尽管企业社会责任没有一个明确清晰的定义，但无可置疑的是，支持慈善事业是体现企业社会责任的重要行为。

在认可社会组织社会声誉和形象的前提下,企业通常会选择与其企业文化和涉及公益领域相一致的社会组织,而社会组织的社会使命在组织成立之初就已确定,不宜改变,因此,营销策略和方式就显得尤为重要。

3. 社会公众

公众对社会机构的捐赠,可能源于纯利他主义,也可能源于非纯利他主义,还可能出于使命感、责任感等。虽然公众捐赠占社会组织收入的比重不是很高,但随着社会经济的发展和公民慈善意识的提高,这一比例在逐步提高。社会组织要获得社会公众的捐助,就必须树立良好的组织形象,加大组织的宣传力度,同时还应注意一点,就是筹款的"合法性"问题。社会组织必须在法律允许的范围内,以合法的方式向社会筹资。

4. 自创收入

自创收入是指社会组织通过提供产品或劳务而向消费者直接收取的收入以及通过投资而从受资方取得的收入,包括会费收入、业务收入、经营收入、投资收益等。我国社会组织的会费收入在自创收入中的比重高达70%,成为除政府财政拨款和补贴以外的第二大收入来源。有调查资料表明,我国社会组织业务收入只占年总收入的6%,而美国的非营利组织年服务性收入在总收入中占比为38.6%。我国社会组织自创收入中经营收入低,在走向市场方面比营利组织慢,组织运营者思想观念有待解放。

(二) 社会组织筹资的具体方式

社会组织筹资方式有许多种,总体上可以分为对外筹资和自创收入。下面我们具体介绍一些社会组织的筹资方式。

1. 社会组织对外筹资方式

1) 项目筹款

项目筹款是指社会组织通过实施公益项目,针对项目专用资金进行募集。

2) 互联网劝募

互联网劝募是指社会组织通过互联网平台募集资金。许多基金会都通过开设自己的网站介绍组织的宗旨和运行情况,向社会公告捐款的方法。

3) 计划捐赠

计划捐赠指捐赠者按照一定的计划进行捐赠。这种筹款方式的优点是具有一定的持续性。

4) 专门活动筹款

专门活动筹款是指通过举办专门的活动进行募资。捐助者通过购买入场券或支付参加活动的费用等方式，为公益组织捐款。例如各类公益晚会、公益演唱会、慈善登山、跑步等，这类活动的收入大部分都会捐给慈善事业。

5)"一对一"捐助

一对一捐助是指社会组织作为中介，将捐助者和受助者直接对接，建立联系，进行定性资助。这种方式能够让捐助者对其资金去向清晰明了，通过与受助者联系体会到捐助发挥的效用，更能激发捐助者的社会使命感。

6) 协同筹款

协同筹款是以社会组织为主体，选择项目受益人所在地区需要资助的项目，协同当地政府、企业、媒体和群众，集中人、财、物共同建设这一项目。这种方式通过整合各方资源，充分利用受益地区的各类资源，动员受益地区群众发挥自身力量解决问题，最终实现项目的成功运作。

7) 联合劝募

联合劝募是指通过一个专责募款的机构，有效地集结社会资源，通过专业的、高度负责的方式将资源按需分配给合格的公益组织，并且代替捐赠人监督善款的使用情况。这种方式的优势在于，一方面，使公益组织缓解筹款压力，能够专心开展工作、服务社会；另一方面，社会捐赠得以高效使用，社会大众也可免受重复募款的干扰。

2. 社会组织自创收入渠道

1) 业务收入

业务收入，就是社会组织在提供服务时所收取的一定费用。但社会组织的业务运行成本远远低于经营同种类业务的企业。当然，成本低，相应的收费标准也低，所以组织的业务收入也很有限。

2) 会费收入

会费收入，即由组织会员缴纳的会费和企业或相关组织依法无偿缴纳的会费组成。会费收入是社会组织自创收入的重要来源。

3）经营收入

经营收入指的是社会组织利用自身多余的资源，制造产品或提供服务，而从受益者那里获得的利润。把营利活动获得的利润投入到组织的非营利活动中去，形成社会组织的一项固定收入。社会组织中能用于经营活动的资源有限，再加上一些组织运营者对组织能否从事营利性活动还存在很大认识误区，使得我国社会组织的经营收入较低。

4）投资收入

投资收入，即社会组织在保障经费满足自身发展需要的情况下，拿出部分资金通过资本运作方式进行投资而获得的收入。投资具有一定的风险，社会组织在进行投资时应当仔细评估投资收益和风险，优化投资组合。

拓展知识
国外非营利组织的筹资方式

四、社会组织筹资方式的创新

传统模式下社会组织的筹资，一般是先设计公益项目，然后通过项目寻找捐赠者。近些年来，逐步发展出新的筹资方式，即社会组织与企业组织融合模式。典型的例子是社会企业，这种模式将社会组织的项目—捐赠模式以及企业的资本运作—捐赠模式相结合，项目运作与资金筹集同步进行，从而能够解决资金与项目的快速匹配问题。负债筹资和权益筹资就是企业常采用的筹资方法，现在有些社会组织也已经在筹资中尝试使用，另外互联网的运用也提供了新的筹资方式。

（一）负债筹资

负债筹资是只通过负债筹集资金。虽然我国有关法规不允许社会组织进行负债经营，但是，除了慈善组织以外的社会组织，为实现其组织目标和社会使命，可以通过变通的方式进行负债筹资。例如可采用 BOT（Build-Operate-Transfer，建设—经营—转让）模式、BOOT（Build-Own-Operate-Transfer，建设—拥有—经营—转让）模式、BLT（Build-Lease-Transfer，建设—租赁—转让）模式。

拓展知识
负债筹资的三种模式

（二）权益筹资

权益筹资是一种股份制运作筹资手段，这种方式有利于提高企业和资本的运作效率。将股份制用于社会组织，能够激励准公共产品的生产与开发。我们通常认为，社会组织"不以营利为目的"，应以服务于社会、团体的公益事业为目的，以社会使命作为组织的宗旨，社会组织所得到的收入也不能作为利润分配给投资人。但是，股份制经济的特点是资本的寻利性，如果社会组织不给予投资人以任何回报，不给予其经济激励，就难以达到集中资金、用于扩展社会组织的目的。在实际应用中，我们可以在保证组织公益性的前提下，在留足组织正常运行所需经费之后，再进行分配。在这方面，欧洲的一些非营利组织也是采用这种做法以缓和公益性与寻利性的矛盾。

拓展知识

采用股份制的社会组织要注意什么

（三）互联网筹资

互联网时代给社会组织变革带来新的机遇，一方面，互联网尤其是网络支付为社会组织提供了筹款新技术，另一方面，互联网作为信息共同沟通交流的平台，使得社会组织可以更加有效地管理支持者、捐赠者和志愿者的关系。根据中国互联网络信息中心发布的《第48次中国互联网络发展状况统计报告》，截至2021年6月，中国网民规模达10.11亿，这就为网络筹资创新提供了基础。

最为著名的网络筹款案例是"ALS冰桶挑战赛"（ALS Ice Bucket Challenge），这项活动旨在让更多人了解肌萎缩性侧索硬化症（ALS）并对患者给予支持。根据《纽约时报》报道，从2014年7月29到8月21日，"冰桶挑战"为美国ALS协会筹款418万美元，协会新增捐赠者739 000人。

第四节 为什么社会组织需要专业化？

壹基金是由著名影星李连杰创办的创新性公益组织。自发起以来，截至2020年底，壹基金共获得超过61亿人次捐赠支持及信任托付，收到善款和物资捐赠超过27亿元，帮助了超过2800万人次改善困境、过上更有尊严的生活。在爱心捐款、救灾救难的最前线，我们总会看见壹基金的身影。壹基金的成功与其专业化水平高密切相关。

通过壹基金的组织结构（图5-4）可以看出，壹基金拥有理事会、秘书处与监事会分别进行决策、执行与监督，形成了三权分设的制衡体制。壹基金的执行机构也相对完善，既有单独的财务管理部门，也涉及不同公益项目的执行，分工明确。

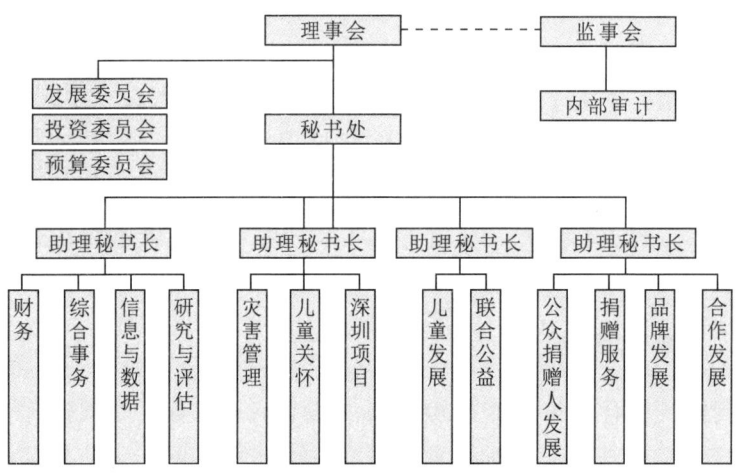

图5-4 壹基金组织结构图

壹基金的招聘信息中，岗位要求也十分细致。通过查询壹基金官网招聘信息，可以获取联合公益部的项目管理岗的招聘要求，如图5-5所示。该岗位对学历、专业限制、特殊工作能力与沟通能力的掌握都提出了较高要求，相比于一些企业组织的招聘要求可谓有过之而无不及。除了公益项目管理岗位的招聘，还有对行政人事岗、新媒体运营岗、活动策划岗和管理会计岗等众多岗位的招聘，其涵盖范围不亚于企业，这可能与很多人想象中的"做慈善只需要志愿者就可以进行"大相径庭。为什么做慈善需要这么复杂呢？难道助人为乐也需要专业化吗？

一、专业化的核心：兼顾组织的动机与结果

助人为乐也需要专业化吗？答案是肯定的。"越善良的人，越需要聪明"，慈善事业站在了道德高地上，在人们心目中，这些宗旨越是善良的组织，越

第五章　社会组织战略管理与营销

任职要求：

1、大学本科及以上；

2、有1-3年公益项目管理及相关工作经验优先考虑，可接受优秀应届生；

3、熟悉儿童发展、儿童教育、儿童心理、社区发展等国内外先进理念和视角，社会学、社会政策、人类学、发展学、公共管理、公共卫生、教育学、法学等相关专业均可；

4、有相关NGO项目管理工作经验，有相关公益支持项目的经验、课题研究、团队能力建设和培训经验、熟练掌握项目设计、实施、监测与评估等项目管理方法者优先；

5、具备良好的团队协作力与沟通力，能够主动发现问题、提出解决方案并推动实施；

6、具备项目筹资与传播工作相关经验者优先；

7、具有较强的写作能力，能独立撰写项目书，有流利的英语听说读写能力优先；

8、熟练使用Word、Excel、PPT等办公软件；

9、能力特别突出者，可考虑高级项目经理职位。

图 5-5　壹基金联合公益部项目管理岗招聘要求

需要对自己有更多的约束和更高的要求，要经得起反复的考验与时间的检验。因为人们常常对于这些处于道德高地上的社会组织抱有信任和期望，这也导致人们对其要求更加苛刻，只要它们存在一点"污点"，都会遭受公众的质疑，从而导致组织的信任危机，所以社会组织更应该考虑到慈善过程中的专业化问题。通常人们只看到事情的结果，即便是出于好意而办了坏事，也无法向公众证明其本意善良，所谓助人为乐并不是只凭一腔热血而为之。社会组织的专业化就是要尽可能地拥有"千手千眼"，既要关注组织的目标、动机，也要关注组织的行为、结果。

如果你现在作为一名基金会组织的负责人，面临如下问题：有两名聋哑儿童都需要靠植入价格为20万元的人工耳蜗来重新获得听力与语言能力，他们需要机构的帮助。其中一名儿童家中一贫如洗，父母完全没有接受过教育；另一名儿童家中大约每月收入4000元，其父母接受过高中教育，但是仍然负担不起高昂的耳蜗植入费用。可是你所筹集的善款只能够帮助其中一个人，你会选择帮助谁呢？

这是一个极其困难的选择，也是真实发生在"爱的分贝听障儿童救助"项目里的一件事。最终，慈善机构选择了帮助后者，因为人工耳蜗在植入后，孩子是否能够恢复语言能力，很大程度上取决于父母能否对孩子进行教育，能否提供良好的教育环境,这样才能使得仅有的 20 万元投入变得更有价值。如果仅仅出于恻隐,帮助了前者,那么两名孩子都不能够得到好的救助,这样的"好心",反而办了"坏事"。在真实做慈善的过程中,组织常常面临这样情感与伦理的拷问,他们面对的是手里有限的资源和无数需要帮助的对象,面对的是公平与效率的选择。但是慈善机构并不是活佛转世,而是一个需要不断发展、追求公益成果的组织,要力求把钱用在刀刃上,在感性面前会更倾向于专业化的判断与理智选择,在尽量公平的基础上更加追求组织的效率。

"非营利组织应该以公共福利为追求目标,以承担公共责任为己任,应该具备公平公正意识、民主情怀和崇高的奉献精神"(吴春,2005),这是它应该拥有的更高层次的伦理道德。与普通的志愿者个人不同,个人讲情感、讲仁慈、讲道义,而社会组织在考虑情感的基础上还要更有效率,更好地提供公共福祉。

相比企业组织,社会组织面临着诸如受益人、捐赠人、志愿者等众多的利益相关者,这使得社会组织在进行利益权衡与选择的时候情况更加复杂,需要更聪明的判断、更详尽的调查,而这些只有靠专业的人和专业的组织才能够解决。

二、竞争催生组织专业化

竞争是两个或两个以上的市场主体为了追求相同的目标或谋取利益而在资本、劳动力、顾客及收入等方面展开的各种各样的争夺(Tuckman,1998)。与企业组织一样,社会组织也存在竞争,但是由于利益相关者众多,社会组织的竞争往往更加复杂。社会组织至少存在政府组织与其他社会组织这两种竞争对手。

一是与政府组织的竞争。社会组织与政府组织之间的竞争主要体现在对公共物品的提供上。政府不是唯一提供公共物品的主体,社会组织也可以提供同样的公共物品。奥斯特罗姆提出的"多中心"理论指出,权力分散管辖交叠的"多中心"秩序包括公共服务经济的多中心,因此在公共服务中可以引入竞争机制和半市场机制,以提高竞争中的供给效率(曹爱军,2008)。在西方国家,非营利组织与政府之间的竞争、对抗关系和其国家与社会二分的结构相对应，西方非营利组织的民间性与独立性更强，在保障个人权利、限制政府权力、防止政府过分侵犯上表现出"小政府、大社会"的特点，以真正独立平等的地位与政府进行合作。在我国，社会组织依然处于"半官半民"的尴尬境地，需要依靠政府获得其政治合法性地位。我国社会组织并不需要采取与政府对抗的方式进行竞争，竞争是为了在公共事务管理中能够获得更多的资源，而与政府的合作可以有效缓解两者的矛盾，在合作中竞争是我国社会组织与政府关系的发展趋势。

二是与其他社会组织的竞争。公益消费是指在人们的日常消费活动导入公益慈善性质，人们在日常捐款中，可以选择帮助不同的对象，从而获得不同程度和类型的精神愉悦，这种非货币形式的回报建立在人们的主观判断上，是排他的。各个社会组织都在自愿的基础上提供公共物品，组织吸纳的潜在捐赠者是在不断变化的。从这个角度来说，公益消费与私人消费并没有差别，存在公益市场，就会存在公益市场的竞争性，社会组织就要适应公益消费市场的优胜劣汰原则，没有专业化的组织很可能会被市场所淘汰。

与过去公益捐款的方式不同，如今捐款不再限于指定机构，私人基金会与企业基金会逐渐发展壮大，捐款渠道日渐丰富。不同的私人基金会有着不同的公益目标与偏好，它们营销各自的组织宗旨以期获得更多的捐赠。例如，阿里巴巴公益基金会主要关注环保领域发展，而腾讯公益慈善基金会致力于关爱青少年成长，他们所面临的客户则分别是环保爱好者与关注青少年成长的人群，因此，不同的社会组织需要对捐赠者精准定位以获得捐款。

社会组织竞争的日益激烈也在呼唤社会组织的专业化，这样才能保证公益效率，有效完成组织使命，不被公益市场所淘汰。

第六章　社会组织的志愿者管理

有人在公交站等车，好奇地问身边的志愿者——公交文明引导员："你们发多少钱啊？"

一个戴袖章的 50 多岁的男子回答："以前是每月 800 元，下月就要涨到 1500 元了，等于一小时 10 元钱……"那语气神情，像满足又有点不满足。

此时，我们不禁想问，志愿者可以拿工资吗？拿了工资的志愿者是不是就和我们传统认知上志愿者助人为乐、舍己为人、无私奉献的形象相悖了呢？

志愿者是社会组织人力资源构成中，除董事会和专职管理人员以外，一个重要的组成部分。社会组织的很多活动都是依靠志愿者来完成的。志愿者是志愿投入各种个人资源的人，资源是很宽泛的概念，包括金钱、时间、劳务或者某种道义上的支持，这些人相对组织来说有各种身份，比如捐资人、义工、潜在支持者等。

拓展知识
社会组织人力资源构成

与其他组织相比，社会组织的志愿者群体是非常独特的管理对象。他们可能平常与组织并没有直接的联系，但是当他们将个人资源志愿投入到组织活动中去的时候，他们就成了志愿者。所以，社会组织的志愿者群体既可以是董事会成员、专职管理者，也可以是普通义工；既可以是组织活动的经常参与者，也可以是组织活动的偶然参与者；既可以是专业人士，也可以是普通人；既可以是高效团队，也可以是松散的群体或个人；既可以是规范化的约束对象，也可以是完全不受约束的对象。

志愿者管理属于社会组织人力资源管理的一部分，社会组织人力资源管理对象具有双重结构，一方面是董事会、专职管理者、稳定执行者组成的制度化结构，另一方面是组织成员与志愿者组成的非制度化结构。

组织的特性体现在组织的边界上，社会组织人力资源管理的双重结构，决定了组织的人力资源管理边界不可能固定化。就内部来说，社会组织需要

第六章 社会组织的志愿者管理

拥有类似政府组织、企业组织的人力资源管理机制，这种内部管理要求人员、职位、职位要求、绩效管理、薪资管理等具有一定的封闭性，组织的边界是比较清晰的。就外部来说，社会组织需要广泛的社会人力资源动员和吸纳机制，这种外部管理要求将所有潜在的志愿者都看作组织人力资源的一部分，因此是开放性的，在管理中难以通过规

拓展知识
社会组织人力资源管理

范化的方式形成统一的人力资源管理原则和方法，更多的是强调组织战略与个人偏好的契合程度，组织的边界是比较模糊的。

社会组织人力资源管理中，组织内部的制度化结构与组织外部的非制度化结构是并存的，社会组织的边界具有内部清晰性和外部模糊性的特征。

社会组织人力资源管理的内部结构比较清晰，从运作原则和规律来说，与政府、企业的人力资源并无本质上的不同，它也需要通过权力层级配置、组织分工协作、制度约束保障等来实现组织的效率，因此在管理方式上体现为与政府、企业一样的内部管理。社会组织人力资源管理的外部结构比较模糊，它并不拥有管理志愿者的先天合法性，一般只能通过协商方式获得志愿者的认同，目的是促使潜在的志愿者转化为实际的志愿者，因此在管理方式上体现为人力资源的外部开发，这种开发与政府和企业的区别在于，社会组织人力资源开发的对象并不

拓展知识
社会组织治理结构

一定要成为组织正式结构的一部分，而政府和企业的人力资源开发是需要将人力资源纳入组织正式结构中去的。

社会组织人力资源管理在内部管理上沿用政府、企业规范化管理方式，在外部管理上与组织战略管理、营销管理等同志愿者有关的部分重合，侧重潜在人力资源开发。

社会组织是不以营利为目的，主要通过志愿方式提供公益或互益服务的组织，因此社会组织员工管理非常强调使命感、奉献精神、社会责任感和道德素质等，但并不是所有情况下都如此。

对于组织员工而言，究竟是使命感重要还是能力重要呢？问题的关键是组织成员的类别。社会组织的成员按是否给予薪水可以划分为薪资员工和非薪资志愿者两部分，我们不能将薪资员工和非薪资志愿者混淆起来进行

管理。

一个缺少使命感但能很好地完成工作任务的薪资员工是组织欢迎的，而一个虽有使命感却不能完成职位任务的薪资员工是组织不欢迎的。相反的情况是，一个有使命感的志愿者是受组织欢迎的，一个缺少使命感的志愿者是不受组织欢迎的。

对于薪资员工来说，他们工作的目的就是获得薪水，所以，对于薪资员工的素质要求、培训、激励、考核等都应适用标准化的成本投入绩效考核方法。对此类员工而言，物质激励仍然是主要的激励方式，所以，社会组织中薪资员工的管理需要考虑企业人力资源管理的经济价值维度。

对于非薪资志愿者来说，他们通过志愿方式投入资源，参与组织活动，但是并不意味着无偿付出。志愿者虽不要求经济回报，但可能需要其他社会价值的回报。比如志愿者参与义务劳动，他不要求获得工资，但是需要获得社会认可、自我满足等其他价值的回报，甚至就是为了打发时间、回避其他矛盾等更为私人的目的，这些价值与组织价值观可能是一致的，也可能不同。志愿者管理强调的是组织价值导向与个人价值偏好的沟通、协商、妥协，需要通过包容的方式进行志愿者管理。所以，社会组织志愿者管理需要考虑独特的综合价值维度。

社会组织人力资源管理需要考虑经济价值和综合价值两个维度，对薪资员工侧重经济价值需求的管理，对非薪资员工侧重综合价值需求的管理。

要回答志愿者到底该不该有工资，我们需要从什么是志愿者开始讲起。

第一节　什么是志愿者？

志愿者（volunteer）一词来源于拉丁文中的"voluntas"，意为"意愿"。志愿者也可称为义工、志工。联合国将志愿者定义为"不以利益、金钱、扬名为目的，而是为了近邻乃至世界进行贡献活动的人"，是在不为任何物质报酬的情况下，能够主动承担社会责任并且奉献个人的时间及精力的人。目前，国内外对志愿者的定义已经达成了共识，认为志愿者首先为自然人，其次，志愿者会以自己的知识、技能、时间等为基础，完全投身于志愿服务的过程当中。另外，从联合国给出的定义来看，志愿者的一切服务都完全出于自愿，他们投身于公共服务当中，不以营利为目的。志愿者具有较强的社会责任感，不求回报，而是甘心将自身的时间和精力奉献给志愿服务活动，为国家、为人民作贡献。无论是哪一阶层、哪一领域的人，只要具有强烈的社会责任感，就可以成为志愿者，对有困难的群体进行帮助（姜宋，2019）。

简单说，志愿者就是不计经济报酬、主动帮助他人的人。从进化的角度看，志愿者就是利他行为者。利他行为是指利于其他个体存活和生殖而不利于自身存活和生殖的行为，这种行为在自然界普遍存在。在本书第二章我们讨论了利他的原因，志愿者也是需要获得回报的人，回报有内在回报和外在回报，并不局限在经济的外部回报上。

与普通员工相比，志愿者具有以下特性：①非职业性。志愿者并不以志愿服务为职业，他们有其他的谋生手段。②自愿性。志愿者参加志愿服务是出于自愿的，而不是被强迫的。③不计报酬性。志愿者参加志愿服务并不以获得报酬为最终目的，有的志愿者能得到少量的津贴，但大多数是无偿服务。④公民权利与社会性。志愿者参加志愿服务，行使了公民的权力并履行了公民的义务。⑤利他性和公益性。志愿者通过社会组织的志愿服务为他人和社会带来更多的利益而不仅仅是为组织本身。⑥多元的自我需要性。志愿者参加志愿服务可以满足多元的自我需要，实现自我价值。

一、为什么要从事志愿活动呢？

志愿者的目的性是非常复杂的，有调查表明，他们从事志愿活动主要出于如下原因。

一是履历需要。欧美大学、公司等在招生、招人时很注重简历上的"志愿工作经历"。有研究表明，任职时间与缺勤率呈负相关、与离职率呈负相关、与满意度呈正相关，相关组织依据这项指标，可以获知应聘者的态度、能力、人际关系等方面的有用信息。

二是积累人脉。在慈善机构中工作是一些年轻人职业生涯的起点，他们借此编织新的社会关系网，获得与他人合作的经验，培养责任心。参加慈善机构不失为积累人脉的一条捷径。

三是业余休闲。大多数人的业余消遣项目屈指可数，乏善可陈，很多人将志愿活动看作是一种更有趣而且更有意义的休闲方式。

四是心理满足。在当今时代，数百万人一直都在做自己不能理解的工作，人们总是缺乏成就感。而志愿工作的劳动及其成果几乎如影随形——在孤儿院举办一次节日晚会，你当场就能看到孩子们开心的笑脸；向无家可归者捐赠衣物，你知道他们今天会有一个更温暖的夜晚。

五是逃避现实。很多人借助志愿工作回避本职工作和家庭生活中的问题。比如有位公务员厌倦了单位里等级森严、条条框框的环境，觉得拘束、压抑，于是开始感受充实、自在的志愿工作；另外一位公司经理白天要应付诸多电话和应酬，夜晚就去街上收容流浪猫，他不愿早早回家面对感情出现问题的妻子，在外面做义工能让他躲避冲突；如此等等。虽然从事志愿工作成为消极逃避的方式，但是从事志愿工作能培养积极交流、为他人着想、与他人合作的习惯，而这就为脱离自身窘境提供了可能，人们在帮助他人的同时也帮助了自己。

这些调查结果表明，志愿者参加志愿活动并不一定是其社会责任的体现，而更可能是个体为获得某种非经济回报的选择。这些非经济回报难以通过市场购买获得，或者个体不愿意进行货币形式的市场购买，所以选择通过志愿活动的方式交换这些非经济回报。这些非经济回报表现为信誉证明、社会资本、娱乐休闲、精神满足等多种形式。

然而，想做志愿者和实际参与志愿行为之间存在心动与行动的差异，志愿者的价值判断不一定能完全作用于具体行动，志愿活动的实践与实际动机也存在一定差距。现阶段整个社会对志愿活动的参与意愿较为强烈，但真正参与志愿活动的"行动"者数量远远低于"心动"者的数量。因此，我们可以看出志愿者也有其个性化的需求，个性化管理志愿者有利于扩大志愿者群体规模，吸引更具专业性的志愿者。

要不要给志愿者发薪水实际上是一个如何激励志愿者的问题。那么，志愿者到底是些什么人呢？志愿者没有统一的年龄、容貌或性别标签，也无法被一并归入某一收入水平的阶层，因为他们中既有勉强度日的穷人，也有身家丰厚的富人。社会学家也不能明确描述他们的特征。俄罗斯社会科学智力资源与合作中心在一份调查报告中指出，较之在整个社会中的抽样情况，妇女、专家、受过高等教育和比较富裕的人在志愿者中所占比例稍高一些，但差别并不大。因此，对于志愿者群体，我们要进行理性看待。

第六章 社会组织的志愿者管理

首先，成为志愿者并不意味着无条件付出。

有些人片面地认为从事志愿工作是慈悲为怀、乐善好施的表现，把志愿工作看成一种单方面的施予，把志愿行为划入道德高地，把志愿者当作"廉价劳动力"，认为只有那些不愁衣食及有大量空余时间的人，才有资格或才会参加志愿工作。这些看法是有偏颇的。

志愿者是在不为任何物质报酬的情况下，能够主动承担社会责任并且奉献个人的时间及精力的人，志愿行为是应该受到社会鼓励的行为。但是志愿者不为任何物质报酬的付出，并不意味着他们不应该获得物质报酬；恰恰相反，整个社会应该更多地回报这些志愿者，无论是在精神上还是物质上。

其次，志愿者的行为动机是有差异性的。

志愿者的激励需求与其他人一样，他们也需要基本的物质保障、社会认同、自我实现等，不要将参加志愿活动与获得物质激励对立起来，志愿者也需要物质激励。收获一份谢意或一份笑脸固然可以获得成就感，得到100元或1个西瓜也能获得满足感。

现实生活中之所以给予志愿者的多为精神奖励，其原因不是志愿者不需要物质奖励，而是社会组织给不起他们市场化的物质奖励。薪水是劳动力的市场化价格，如果志愿项目有足够的经费可以通过提供薪水来招募志愿者，那么这个薪水就是市场化的工资，而绝大多数情况下，志愿项目的人力资源支出经费与市场化人力资源价格相差悬殊。薪水，即使是象征性的，也能满足部分有物质需求的志愿者，完全取消就是忽略了志愿者的差异性。

所以，给志愿者发薪水与志愿者身份并不矛盾。

在一些志愿服务项目中，临时招募的志愿者就属于这种类型，比如孔子学院教师志愿者，在派驻国家生活需要组织给予生活补贴，补贴也属于薪水，案例中的"公交文明引导员"也是这样的。我们认为，给这些志愿者的薪水或者补贴不是多了，而是少了，因为以市场化价格是不可能雇佣相应的人力资源的，这正表明他们是志愿者，而不是职业被雇佣的一般人。

因此，志愿者可以发薪水，组织不发薪水给志愿者的原因大多不是伦理原因，而是经费原因，是给不起而不是不想发；志愿者从事志愿活动有各种各样的利己动机，薪水需要之所以不突出不是不需要，而是难以获得。

二、志愿者包括哪些类型？

志愿者包括多种类型，根据参与志愿活动的时间，可划分为定时性与临时性志愿者、全职与兼职志愿者；根据服务类型，可划分为福利类、教育类、文化类、宗教类等志愿者；根据技能程度，可划分为职业与业余志愿者等。

从组织管理角度讲，根据工作性质对志愿者进行划分可以很好地协调工作分工，因此也是较主要的分类方式。志愿者根据工作性质可以划分为三种。第一，管理型志愿者。此类志愿者加入理事会或担任顾问，是社会组织领导层的成员，参与组织的决策与治理。第二，日常型志愿者。此类志愿者参加组织日常工作如策划、管理、协调等，并担任一定的角色，和组织的其他员工一样能够每天工作。第三，项目型志愿者。此类志愿者主要参加各种项目或活动，为之提供支持，主要集中在项目或活动开展期间，一旦项目或活动结束，志愿服务也就告一段落。许多志愿者都是从项目型志愿者逐渐发展为日常型、管理型志愿者的。

三、对志愿者有专业性要求吗？

志愿者的业余性是困扰社会组织的主要问题，这也是企业组织、政府组织质疑社会组织能力的主要原因，因此，吸纳、培训专业志愿者是社会组织人力资源管理的重要内容。

社会组织的志愿者本来是各自领域工作的员工，所以大都有一技之长，可以根据他们原来的岗位技能匹配相关服务岗位。表 6-1 列举了部分专业志愿者类型，并就来源、服务对象、匹配岗位进行了对照。

四、志愿活动发展如何？

中国社会科学院社会政策研究中心及社会科学文献出版社共同发布的《慈善蓝皮书：中国慈善发展报告（2020）》显示：截至 2020 年 3 月 16 日，我国实名注册志愿者总数达到 1.69 亿人，志愿团体 116.36 万个，累计志愿服务时间 22.68 亿小时；注册志愿者总数较 2018 年增长了 13.9%，累计志愿服务时间较 2018 年增长了 3.2%；2019 年志愿者贡献总价值为 903.59 亿元，较 2018 年的 823.64 亿元增长了 9.7%，较 2017 年的 548 亿元增长了 64.89%；

第六章 社会组织的志愿者管理

表6-1 专业志愿者类型岗位匹配表

类型	来源	服务对象	匹配岗位
心理志愿者	心理老师、心理咨询师等	重点群体心理帮助、心理知识普及	服务对象心理辅导、心理热线服务
医疗志愿者	医生、护士、药剂师等	针对老年人、残疾人等困难人群服务	义务治疗、义务诊断、健康辅导
法律志愿者	法官、干警、律师、法律系师生等	重点青少年帮教、群众法律普及	专业帮教、预防辅导法律宣讲
教育志愿者	教师、培训师、校长等	农民工子女、困难家庭子女教育服务	学业辅导、教育培养等
文化志愿者	艺术家、文化工作者、文艺热心人士	为基层群众提供文化生活服务	义务文艺表演、社区农村文化活动
技术志愿者	科学家、技术员、熟练技术工人等	为社区农村群众提供简便有效的服务	日用产品维修、家电安全普及
管理志愿者	企业家、经营管理者、热心公务员	社会组织、志愿组织管理协调服务	公益管理设计与实施
网络志愿者	网络工程人员、网店经营人员、网友等	网络交往的志愿服务、志愿组织的网络化	志愿组织网络管理、志愿服务项目管理

志愿服务活动已覆盖医疗、教育、扶贫、养老、环保、助残、文化、体育和"一带一路"等多个领域，成为新时代凝聚广大人民群众力量、共同实现"两个一百年"奋斗目标、实现中华民族伟大复兴的重要力量。

2019年，在党和政府的高度重视之下，我国志愿服务事业的发展迈入新时代、开启了新征程。2019年1月17日，国家主席习近平在考察调研天津市和平区新兴街朝阳里社区全国第一个社区志愿服务组织时，称赞志愿者是为社会作出贡献的前行者、引领者，强调志愿者事业要同"两个一百年"奋斗目标、同建设社会主义现代化国家同行。各级党委和政府要为志愿服务搭建更多平台，更好地发挥志愿服务在社会治理中的积极作用。2019年7月24日，国家主席习近平在《致中国志愿服务联合会第二届会员代表大会的贺信》中再次肯定了新时代志愿服务的重要地位与重大作用，要求各级党委和政府给予志愿服务更多支持，推进志愿服务制度化和常态化。2019年12月27

日,国务院扶贫办首次公示"志愿者扶贫 50 佳案例",旨在深入挖掘志愿者扶贫典型。

第二节 志愿者管理流程

社会组织对志愿者的管理流程包括志愿者招募、培训、工作督导与评估、激励。

一、志愿者招募

在社会组织中,志愿者是"不拿工资的员工"。社会组织志愿者的招募类似企业的招聘。志愿者招募是指在社会组织人力资源规划的指导下,制定相应的岗位空缺计划,并决定如何寻找合适的人员来填补这些岗位空缺的过程,其实质是让潜在的合格人员对组织的相关岗位产生兴趣并且前来应聘这些职位。

志愿者招募是一个寻找能够满足组织要求的志愿人员的过程,这些人员被组织设定的岗位所吸引,愿意参与组织设定的工作。所以,招募是一个确定志愿者并把他们安排到适当位置以达到组织目标,同时通过志愿者岗位满足志愿者自身发展目标的过程。

志愿者招募包括四个主要环节:人力资源规划、工作分析、招聘、录用。

(一) 人力资源规划

人力资源规划也叫人力资源计划,它是录用员工的基础。人力资源规划是指从组织战略规划和发展目标出发,根据其内外部环境的变化,进行人力资源供需预测,制定人力资源获取、配置、使用、保护、开发的方案,实现组织人力资源供需平衡的过程。人力资源规划按范围分为整体人力资源规划、部门人力资源规划;按时间划分为中长期规划、短期规划;按层次分为总体规划、各项业务计划。人力资源规划包括人力资源战略发展规划、组织人事规划、人力资源管理费用预算、人力资源管理制度建设、人力资源开发规划、人力资源系统调整发展规划。

人力资源战略发展规划是根据组织总体发展战略的目标,对组织人力资源开发和利用的大政方针、政策和策略的规定,是各种人力资源具体计划的核心，是事关全局的关键性规划。

静态的组织人事规划一般来说相对稳定，包括组织结构设计与调整规划、劳动组织设计与调整规划，具体来说是部门化组织设计、工作岗位设置、工作定员定额、科学地组织业务开展，这些计划对于社会组织的内部管理来说是适用的。但是对于社会组织的活动开展来说，更加需要动态的组织人事规划，即人力资源供需平衡计划。社会组织需要根据服务对象、活动规模等相应地匹配人力资源，基本上是一个项目一个人事规划，人员随时进行调整组合。

人力资源管理费用预算是组织在一个活动周期（一般为一年）内，人力资源全部管理活动预期的费用支出的计划。人力资源规划的根本目的，就是通过分权、分责、分利的人力资源管理活动，实现人力资源与其他资源的最佳配置。而社会组织人力资源管理费用预算，则是计划期内人力资源及其各种相关的管理活动得以正常运行的资金保证。因此，组织人事规划不能脱离人力资源管理费用预算而独立进行，人力资源管理费用预算在人力资源规划中占有必不可少的地位。

人力资源管理制度建设是人力资源总规划目标实现的重要保证，包括人力资源管理制度体系建设的程序、制度化管理等内容。

人力资源开发规划包括员工职业技能的培训计划、员工职业道德的教育计划、专门人才的培养计划、人员轮换接替计划、员工职业生涯发展规划、组织文化建设等。

人力资源系统调整发展规划是一个动态的开放系统，规划制定后需要对规划实施过程及结果进行监督、评估，并不断调整规划使其更切合实际，更好地促进组织目标的实现。

（二）工作分析

工作分析又称职位分析、岗位分析或职务分析。工作分析是通过系统全面的情报收集手段，提供相关工作的全面信息，以便组织提升管理效率。工作分析是人力资源管理工作的基础，其分析质量对其他人力资源管理模块具有举足轻重的影响。

工作分析是指对工作进行整体分析，以便确定每一项工作的6W1H：由谁做（Who）、做什么（What）、何时做（When）、在哪里做（Where）、如何做（How）、为什么做（Why）、为谁做（Whom）。分析的结果或直接成果是岗位说明书。岗位说明书是记录工作分析结果的文件，它把该岗位的职责、权限、工作内容、任职资格等信息以文字形式记录下来，以便管理人员使用。工作分析是现代人力资源管理的基础，只有在客观、准确的工作分析基础上才能进一步建立科学的招聘、培训、绩效考核及薪酬管理体系。

志愿者工作分析包括两部分活动：一是对志愿者岗位工作内容和承担的工作职责进行清晰的界定，一般体现为志愿者岗位描述；二是确定岗位所要的任职资格，如学历、专业、年龄、技能、工作经验、工作能力以及工作态度等，一般体现为志愿者岗位说明书。

1. 志愿者岗位描述

志愿者岗位描述具体说明了某一岗位的物质特点和环境特点，主要包括以下几个方面。

（1）职位名称：指组织对从事一定工作活动所规定的职位名称或职位代号，以便对各种工作进行识别、登记、分类，以及确定组织内外的各种工作关系。

（2）工作活动和工作程序：包括所要完成的工作任务、工作责任、使用的材料和设备、工作流程、与其他人的正式工作关系、接受监督以及进行监督的性质和内容。

（3）工作条件和物理环境：包括工作地点的温度、光线、湿度、噪音、安全条件、地理位置、室内或室外等。

（4）社会环境：包括工作群体中的人数、完成工作所要求的人际交往的数量和程度、各部门之间的关系，以及工作地点内外的文化设施、社会习俗等。

（5）聘用条件：包括工时数、补贴结构、支付补贴的方法、福利待遇、该工作在组织中的正式位置、晋升的机会、工作的季节性、进修的机会等。

2. 志愿者岗位说明书

志愿者岗位说明书又称岗位要求，要求说明从事某项岗位的志愿者必须具备的生理要求和心理要求。它主要包括年龄、性别、学历、工作经验等一般要求；健康状况、力量和体力、运动的灵活性、感觉器官的灵敏度等生理要求；观察能力、记忆能力、理解能力、学习能力、解决问题的能力、数学计算能力、语言表达能力、决策能力、领导能力、特殊能力、性格、气质、兴趣爱好、态度、事业心、创造性、合作性等的综合性要求。

(三) 招聘

志愿者招聘是指社会组织为了服务活动开展的需要，根据人力资源规划和工作分析的要求，寻找、吸引那些有能力又有兴趣参加组织活动的人员，并从中选出适宜人员予以录用的过程。

1. 选择招聘方法

志愿者招聘方法有暖身招聘（warm body recruitment）、目标招聘（targeted recruitment）、同心圆招聘（concentric circles recruitment）三种基本方式。

招聘志愿者采用何种方法取决于特定条件。一般说来，有两种情况可以采取暖身招聘的办法：短时间内需要大量志愿者（如某次特别事件）；对于专业性不强、无需特别资格，或经过简单培训后大多数人都可以完成的工作。暖身招聘的基本方法包括：宣传品的分发、张贴广告画、利用平面媒体（如期刊、报纸、壁报等）、口头传播、广告演讲。

当组织试图招聘志愿者的工作需要一些特别技能或者具有不常见的特性时，目标招聘是一种合乎需要的方法。目标招聘通常用来招聘具有特定技能的志愿者或者具有特定心理特征的人，例如有心理辅导经验的人、有法律专长者。做目标招聘之前应该注意四个问题：我们需要何种志愿者，哪里能招聘到这些志愿者，我们怎样联系他们，用什么方式能激励他们。

同心圆招聘即熟人介绍招聘，方法是通过志愿者推荐或亲友介绍来加入志愿服务。同心圆招聘的目标人群包括：组织的志愿者及其亲友、组织的服务对象及其亲友、因为组织正在解决的问题而受影响的公众、志愿服务活动周围的人。这种招聘方式成本较低，且较为简单有效。

2. 制定甄选程序

志愿者的甄选和营利组织中的甄选过程相类似，包括笔试、面试、实作测验、心理测验、管理评价中心、情景模拟等多种流程与方法。社会组织中志愿者的甄选需要格外慎重，以避免造成资源的浪费。判断甄选志愿者应遵循下列五项标准：志愿者具备所需的工作技能、经验和原动力；志愿者符合组织的工作文化及工作的要求；志愿者服务的原动力得以满足；志愿者与工作岗位相匹配以使其发挥能力、作出贡献；志愿者有足够的时间保证完成既定工作。志愿者的甄选程序如下。

1）提供组织的志愿者手册

社会组织依照组织章程将组织的目标、政策、服务方式、志愿者的角色定位、工作内容、伦理规范、所需要的志愿者人数等制成志愿者手册，提供给应征的志愿者参考。

2）填写甄选数据表格

社会组织应要求应征者详细填写个人履历、经验、所能够投入的时间、专长、愿意参与志愿者工作的性质与种类、期望等数据，以作为筛选的重要参考。

3）初次筛选

社会组织依照组织章程成立人力资源甄选小组，依据应征者所填写的数据，以组织志愿者手册所需的志愿者人力、工作伦理规范以及应征者的专长兴趣为基础，初步筛选出具有潜力且符合该组织需求的应征者，接受甄选小组进一步面谈后录用。

4）有效的面谈

一般来说，招聘从事相对比较长期固定的服务工作的志愿者，都需要对应征者进行面试和甄选，目的是让申请者了解工作要求及说明双方的期望，以便让双方决定是否合适，面谈是筛选志愿者的前提。

3. 面试技巧

有人总结了招聘中的"经典七问"，对招聘过程中常问到的问题及其释义总结如下。

"以往工作中您的职责是什么？"——如果描述不清，可见即使有相关工作经验，其系统性、全面性也值得怀疑。

"请讲一下您以往的工作经历。"——考察应聘者的语言组织及表达能力，以及描述的条理化。

"您以往的工作经历中最得意、最成功的一件事是什么？您的长处是什么？"——从应聘者的回答中，可了解他是注重个人成功还是注重团队协作。

第六章 社会组织的志愿者管理

"您感觉还有哪方面的知识、技能或能力需要提升?"——"提升"一词比较委婉,一方面考察其态度是否坦诚,另一方面也为日后的员工培训增强针对性。

"对于新的工作岗位您有什么设想?如何开展工作?"——这涉及员工的职业生涯设计,更有关员工工作的稳定性。

"您离职的原因是什么?"——这是必须要问的问题,涉及员工和组织的融合性。

"您对薪金待遇和福利有什么要求?"——这个问题的重要性不必多言。

(四) 录用

录用程序一般包括签订合同、上岗培训、试用期、正式任用。

社会组织应考虑与志愿者签订合同,它应该包括志愿者和社会组织在志愿服务中各自承担的责任。但它不应该被视为一份法律文件,而更应被看作是双方为了提供良好服务而作出的一种承诺。

合同中比较重要的部分仍然是福利保障,组织一般不会向志愿者发放工资、奖金、津贴等薪酬,但是一般会提供组织福利,通常包括信誉证明、交通补贴、餐费补贴、商业医疗保险等。

二、志愿者培训

志愿者培训的目的:通过适当的培训课程,让志愿者接受社会组织的理念,学习相关的知识与技能;协助志愿者选择工作,改善工作态度,增强志愿者的自信心,使之有机会发挥潜能;让志愿者清楚自己的权利和义务。通过阶梯式能力培训与实践,促进志愿者自我成长和组织长远发展。

社会组织志愿者培训形式主要有:①老志愿者带新志愿者。需安排迎新辅导会或工作介绍会给新志愿者,介绍服务内容,讲解志愿服务工作概念、志愿工作态度和守则等。②团队建设培训。包括树立共同理念、建设团队氛围、挖掘个人潜能、培养团队精英、提升团队服务技术、教授团队工作方法等。③参与式培训。通过活动、研讨、互动交流学习志愿工作理念与技能。④活动式培训。组织志愿者参加活动,然后根据需求开展培训。

社会组织志愿者培训课程的主要内容有:志愿者认知;组织机构介绍;

志愿工作说明；志愿工作相关理论技能；团队与沟通；社会工作理论方法；志愿者自我管理和生涯规划；志愿组织的战略规划；志愿者交流与专题研讨。

社会组织志愿者培训还需要编制更为详细的志愿者手册。志愿者手册内容包括：组织理念及使命；组织架构图、员工名单和职责表；志愿者服务政策；提供志愿者工作的目的及工作内容简介；志愿者的角色职责；提供服务的程序和范围；汇报和反映意见的制度（储存记录、监管、处理紧急事项的程序、出席/缺席活动的申报制度、申领活动经费的程序）；志愿者须遵守的规则；志愿者福利（受训机会、其他额外福利、工作服、表彰、津贴、保险、停车位、联谊活动等）；退出服务的申请程序。

三、志愿工作督导与评估

社会组织需要定期对志愿者进行个别或小组的督导，评估其工作表现，了解志愿工作的进展情况，提供适合的辅导，加强志愿者的参与及改善服务的质量。社会组织要让有经验及专门才能的志愿者担任评估一个计划或服务应否继续进行下去的督导工作。志愿评估工作旨在评定志愿者工作的参与情况或运用创新方法改善服务质量的职责实现程度。

四、志愿者激励

拓展知识
当代激励理论

激励是个体为了满足某些需要，通过高水平努力实现组织目标的意愿。激励的三个关键要素是需要、努力、组织目标。个体需要与组织目标之间的桥梁是个体努力，当个体被激励时，他就会努力工作，但是高水平的努力并不一定带来高的工作绩效，除非努力指向有利于组织目标的实现。以马斯洛的需要层次理论和XY理论、激励保健理论为代表的早期需要理论，与以ERG理论、成就需要理论、认知评价理论为代表的当代激励理论，以及包括目标设置理论、强化理论、公平理论、期望理论等在内的其他激励理论为志愿者激励提供了理论借鉴。

（一）精神荣誉激励

精神荣誉激励一般不具有直接的生活回报因素，但是对于志愿者的精神鼓励、心理支持具有重要作用。精神荣誉激励包括以下方面。

1. 政府部门颁发的奖励

许多国家政府设立了与志愿服务相关的奖项，如美国设立"志愿服务总统奖"等，新加坡设立总统颁发的"公民服务勋章"。我国民政部2014年6月3日发布了《"中华慈善奖"评选表彰办法》，该办法提升了奖项的权威性、科学性和专业性，从而使获奖者的慈善行为得到更多的认可和资源。地方政府也设立有各种志愿者荣誉奖励，比如广东省文明办、团省委、民政厅、人力资源与社会保障厅等设立"志愿服务红棉奖"，深圳市设立"义工市长奖"。

2. 社会组织颁发的奖励

各类社会组织可以根据表彰志愿者服务的需要，设立多种形式的奖励措施。从外国及港澳台地区的经验看，这些社团奖励受到志愿者的欢迎，因为通过获奖而得到社团成员的尊重，也是志愿者长期服务、勤勉服务的动力。如香港义工发展局、香港童子军、香港救世军等的年度颁奖典礼，受到义工的高度重视，他们非常期待。

2014年5月22日，由中国扶贫基金会和北京市昌平区人民政府联合主办的中国内地首个百公里公益徒步活动——2014"善行者"公益徒步活动顺利举行，来自全国各省区市的450支队伍、1800多名徒步爱好者从居庸关长城出发，分别挑战了100公里和50公里的徒步活动，此次活动筹得的资金已用于帮助贫困地区的孩子们改善生活与生存状况。基金会为志愿者颁发"善行者志愿者服务"证书、"善行者志愿者"徽章。

3. 公民评奖或颁奖

指通过公民组织、公民网络等评选途径，对热心社会服务的志愿者进行"第三方评选"，提供表彰奖励。这种做法越来越受到志愿者的重视。

（二）个人发展激励

个人发展激励机制是针对志愿者求学、求职、晋升、创业等方面需求，提供志愿服务行为的奖励或回报机制。

1. 志愿服务经历优先的制度

一些大学、企业、社会组织，对于有志愿服务经历的申请者给予优惠待遇，或者对有志愿服务经历者优先录用，在员工晋升机制中加入有志愿服务经历者优先的规定。

2. 设立志愿服务课程学分

香港教育统筹局（现香港教育局）与青年协会合作，开发出中小学生"服务学习"课程，让志愿服务进入课堂学习与社会实践。在一些大学中，学生参与志愿服务便可获得相应的学分。

3. 创业优惠政策

对于热心参与和支持志愿服务的创业者，提供政策措施和经济扶持方面的优先权。这些激励措施能够吸引更多的人在追求个人发展的同时，积极参加志愿服务，将个人发展与社会和睦有机结合。

（三）生活回馈激励

生活回馈激励是根据志愿者为社会人群提供服务、作出奉献的经历，为志愿者提供生活各方面的回报和支持。

1. "时间银行"

社区"时间银行"就是志愿者在"志愿者卡"上记录自己参与服务的时间及项目，从而使这段志愿工作经历获得社会认可，当志愿者自己具有生活需要的时候，就可以得到相应时间的服务，或者折算相应的服务。比如刚刚退休的老人，若为高龄老人或其他人士提供过志愿服务，当自己进入高龄的时候，便可优先获得社区机构及志愿者的服务。

2. 星级志愿者优惠

星级志愿者优惠指社会组织与工商企业特别是零售业、饮食业等结成"爱心商家联盟"，对于长期从事志愿服务、具有星级记录的志愿者，提供购物、饮食、住宿等不同程度的优惠。这样，人们参与志愿服务，也能够换取生活的实惠，这对于普通居民有较大的吸引力。

3. 积分入户

比如中国的某些地方，对于积极参加志愿服务的志愿者，在迁入户口、孩子入学等方面给予支持。

第六章 社会组织的志愿者管理

（四）快乐兴趣激励

快乐兴趣激励就是适应人们对于休闲、娱乐、文化生活的需求，根据志愿者的服务奉献而提供精神享受的回报。

1. 服务换算

国外有些地方，将志愿者进入休闲度假区提供服务的时间，换算为志愿者享受快乐的时间。比如为文化、艺术活动服务的志愿者，可以享受部分场次的免费观赏等。又比如一些公园、乐园将志愿者协助清理垃圾的半天时间，换算为可以免费享受半天该园区的活动。有些国家的公益组织提出"做环保就是去度假"的口号，招募志愿者到海边沙滩，部分时间劝导游客、捡拾垃圾；另一部分时间换算成为免费享受海滩的机会。

2. 服务优惠

一些文化设施、艺术设施、游览区域、娱乐场所会为热心服务社会人群的志愿者提供"以服务时间折算优惠待遇"的机会，通过"志愿者卡"的时数认证，提供相应的收费折扣。2014年4月29日，江苏张家港市发布《张家港市志愿服务礼遇办法》，规定志愿者年度服务时长在100小时以上的，可享受免费体检、旅游年卡、公交年卡、停车年卡等生活"礼遇"。礼遇办法不同于其他荣誉嘉奖制度，它更贴近生活，让志愿者在日常生活中时时感受到社会的回馈，同时也可以提升志愿服务的社会认同感（康晓光等，2015）。

3. 服务体验

为满足很多志愿者特别是青少年志愿者希望见到文化名人、艺术名家、娱乐明星的需求，一些社会组织为服务优异的志愿者提供与明星交流的机会，满足志愿者的内心愿望。伴随人们精神文化需求的日趋丰富多彩，志愿服务岗位的快乐兴趣激励越来越重要，值得重视。

（五）学习培训激励

从外国及港澳台的经验看，提供志愿者的学习培训机会，是社会组织提供的重要激励内容。香港民众安全服务队从总队到各分队，累计每周都有培训交流活动，既有专门的应急志愿服务培训，也有攀登探险培训等，非常受成员的欢迎。学习培训激励包括多方面内容。

1. 志愿者从事志愿服务的专业知识技能

包括边缘青少年服务技巧、智障人士服务技巧、高龄老人服务技巧等。这些是非常专业的服务知识,志愿者掌握之后,在社会生活中就多了一些专门技能技巧。

2. 志愿者自身工作技能的提高

如应急救援技巧、人际沟通技巧、生活自理技巧等,志愿者获得培训之后,既可帮助有需要的人群,也能提高在日常生活的能力。

3. 志愿者职业发展与日常生活的知识技巧

针对志愿者的培训教育不能仅仅局限在专门服务内容上,还要拓展到志愿者自身成长的方面。一些志愿者由于积极从事服务,而获得了优先听取名人演讲、成功辅导的机会。志愿者往往将培训看作是给自己的奖励,而不是负担。

(六) 社会交往激励

现代社会对于志愿者的激励方式之一,就是提供交往交流的机会,让志愿者在积极服务的同时,获得更多团队交往与对外交往,扩大自己的视野,提升自身的素质。

1. 志愿团队内部交往

过去一些志愿组织仅仅在有服务任务的时候才召集志愿者,其他时间缺乏对志愿者的关心,也很少与之交流,逐渐导致志愿者的流失。广州市启智志愿服务总队,吸引和留住志愿者骨干的方式,就是内部建立多样化的休闲交流群,如志愿者体育活动群、志愿者山庄游览群、志愿者驴行体验群、志愿者咖啡品尝群等。在交往、交流的过程中,志愿者之间不仅增进了友谊,也便于探讨进一步创新志愿服务活动的思路。"志愿服务生活化、时尚化"的一个重要体现,就是增加志愿者的日常交流,密切其感情,激发其创意。

2. 加强志愿者对外交往

志愿者通过对外交往可以扩大联系网络,增加思想碰撞。志愿者可以通过志愿组织安排进行外地交流或者外国交流,前往新地方进行志愿服务,这些对于志愿者来说既是享受也是学习。

3. 管理授权

如美国的女童子军组织中，志愿者在进入组织一段时间后，就可能被任命为小队长、露营领导者和教练，然后经过较长的一段时间，组织会直接让他们自主处理组织分配下来的任务，如何完成工作任务由自己和其他志愿者共同合作决定。国外社会组织对志愿者激励的成功之处在于，组织时刻在关注志愿者的成长，时刻拓宽志愿者的视野，使他们提高工作效率并获得更多的技能。

第七章 社会组织的税务管理

据《中国公益基金会"抗税"实录》记载,在2008年期间,中国青少年发展基金会(以下简称"青基会")共接受了4亿元捐款,其中2亿元被拨付灾区,结余款有2亿元。按照当时实施的《中华人民共和国企业所得税法》的规定,青基会算上其他收入与支出共要缴纳5500万元税款。显然,这对于青基会而言,近乎是天价。如果青基会具有社会组织免税资格,那么这笔税款就可以免除,让善款发挥出最大的社会价值。现如今,事实也确实如此,作为弥补市场失灵和政府失灵的社会组织,其发展离不开政府的支持,税收减免和优惠政策是政府支持和鼓励社会组织发展的方式之一。那么,你了解社会组织的税收优惠政策吗?国内外对社会组织都分别制定了哪些税收优惠政策呢?

第一节 我国社会组织税收优惠制度

税收优惠制度也称税收激励制度,作为一种税收特权,实质上是国家(政府)在特定时期内给予特定主体的经济补贴,是国家对其通过立法机关确立的税收利益的放弃与让渡(代涛,2005)。它是国家通过税法上的特别规定,给予特定纳税人减轻或者免除税收债务利益的各种措施的总和。

一、社会组织税收优惠的理论基础

在制定税收政策时应当考虑其可行性:一是经济上的可行性,即在宏观上不违背国家宏观调控的需要,在微观上适合纳税主体的负担能力;二是法律上的可行性,应当符合合理性和合法性的要求,即符合税法基本要素。那么,社会组织所享有的税收优惠的理论基础是什么?政府让渡一部分税收收入以扶持社会组织是否合理?

20世纪六七十年代,美国哈佛大学教授斯坦利·萨利提出的税式支出理论非常流行,该理论认为可以将税收减免等同于一种间接的财政支出。他的主张得到了美国财政部的支持，后来这个理论传播到全世界，为了对特定行业、特定活动或特定纳税人实行优惠政策，国家可以放弃部分税收收入，而放弃的税收收入相当于进行了特殊的财政支出。税式支出理论为税收优惠奠定了基本制度基础，也可以用来解释国家对社会组织的税收优惠政策。当然，也存在其他各种理论来支持具体的社会组织税收减免。国外学者主要的理论包括补贴理论、非税基理论、资本结构理论、捐赠理论。除此之外，学界还提出了其他理论如利他主义理论、风险补偿理论、多元性理论等，从不同的视角对社会组织税收减免提出了各自的理论解释。这些理论影响了我国学界，我国学界也在此基础上提出了可税性理论、行为实质理论、第三次分配理论等。

对征税范围进行界定时，应当考虑收益性、公益性、营利性。经过多年的研究和实践，人们对民间非营利组织应该享受税收优惠政策的法理基础的认识已趋于统一，代表性理论主要是彼特克（Bittker）和拉德特（Rahdert）于1976年提出的税基定义理论，又称收入定义理论，该理论认为所得税只能针对营利行为。在收入方面，社会组织的会费和捐赠应当被视为捐赠，这些所得不能认为是组织的毛收入。在支出方面，社会组织的支出应当被认为是成本，在税前被扣除。所以综合来看，社会组织的应税所得是不存在的。这一理论表明，社会组织获得减免税的法理基础是它的"非营利性"，国家对社会组织的免税支持与其非营利性和公益性相关。

二、我国社会组织的免税政策

就社会组织的税收优惠制度而言，主要考虑以下两个方面：一是分配公平问题，社会组织本身具有调整资源分配的功能，社会组织的存在使资源分配和公益实现更加均衡，以弥补政府和市场失灵，因此对社会组织进行税收减免，符合整个社会利益平衡的要求，可促进社会的平稳发展。二是以利益诱导的方式给予社会组织利益补贴或利益激励，从而促进社会组织的功能发挥。在现代公益组织的税收优惠制度设计中，要将这二者结合起来。税收减免不仅事关正义的实现，也是法治秩序的要求。

关于社会组织的税收优惠制度，从国家对社会组织的优惠政策上总结，主要有三种优惠方式，分别是社会组织本身可享受的优惠政策、向社会组织

◇ 社会组织管理 ◇

捐赠的企业可享受的优惠政策、向社会组织捐赠的个人可享受的优惠政策（戴维·奥斯本等，1996）。

（一）社会组织本身可享受的优惠政策

根据我国的法律规定和国务院、财政部的各项文件，可以概括地总结，社会组织本身可以获得在下列税种上的优惠政策。

1. 企业所得税

中国《事业单位、社会团体、民办非企业单位企业所得税征收管理办法》以及其他相关税法规定，在社会组织的收入总额中，一部分收入项目可以享受免税政策，具体是：①财政拨款；②经国务院及财政部批准设立和收取，并纳入财政预算管理或财政预算外资金专户管理的政府性基金、资金、附加收入等；③经国务院、省级人民政府（不包括计划单列市）批准，并纳入财政预算管理或财政预算外资金专户管理的行政事业性收费；④经财政部核准不上缴财政专户管理的预算外资金；⑤事业单位从主管部门和上级单位取得的用于事业发展的专项补助收入；⑥事业单位从其所属独立核算经营单位的税后利润中取得的收入；⑦社会团体取得的各级政府资助；⑧社会团体按照省级以上民政、财政部门规定收取的会费；⑨社会各界的捐赠收入。

另外，对于非营利性的科研机构，《关于非营利性科研机构税收政策的通知》还规定：非营利性科研机构从事技术开发、技术转让业务和与之相关的技术咨询、技术服务所得的收入，按有关规定免征企业所得税。对于非营利性科研机构从事非主营业务收入用于改善研究开发条件的投资部分，经税务部门审核批准可抵扣其应纳税所得额。

2. 增值税

《中华人民共和国增值税暂行条例》规定，直接用于科学研究、科学实验和教学的进口仪器、设备，免征增值税。因此，进口上述规定产品的社会组织可以享受该税收优惠政策。

3. 关税

《中华人民共和国海关法》规定，外国政府、国际组织无偿赠送的物资可以免税。

4. 房产税

中国对社会组织制定了比较优惠的房产税税收减免政策。根据《中华人民共和国房产税暂行条例》和《财政部 税务总局关于房产税若干具体问题的解释和暂行规定》，对以下三类社会组织自用的房产免征房产税：

（1）国家机关、人民团体、军队自用的房产。其中，人民团体是指经国务院授权的政府部门批准设立或登记备案并由国家拨付行政事业费的各种社会团体。自用的房产是指这些单位本身的办公用房和公务用房。

（2）由国家财政部门拨付事业经费的单位自用的房产。此处的房产，是指这些单位本身的业务用房。对实行差额预算管理的事业单位本身自用的房产免征房产税。

（3）宗教寺庙、公园、名胜古迹自用的房产。宗教寺庙自用的房产是指举行宗教仪式等的房屋和宗教人员使用的生活用房屋。公园、名胜古迹自用的房产，是指供公共参观游览的房屋及其管理单位的办公用房屋。

上述社会组织出租的房产以及非本身业务用的生产、营业用房产不属于免税范围，应征收房产税。公园、名胜古迹中附设的营业单位，如影剧院、饮食部、茶社、照相馆等所使用的房产及出租的房产，应征收房产税。

5. 城镇土地使用税

中国对社会组织征收城镇土地使用税的免税范围主要包括：

（1）国家机关、人民团体、军队自用的土地。这里的人民团体，是指经国务院授权的政府部门批准设立或登记备案并由国家拨付行政事业费的各种社会团体。这里的自用土地，是指这些单位本身的办公用地和公务用地。

（2）由国家财政部门拨付事业经费的单位自用的土地。这里的由国家财政部门拨付事业经费的单位，是指由国家财政部门拨付经费，实行全额预算管理或差额预算管理的事业单位。不包括实行自收自支、自负盈亏的事业单位。自用的土地，是指这些单位本身的业务用地。另外，企业办的学校、医院、托儿所、幼儿园，其用地能与企业其他用地明确区分的，可以比照由国家财政部门拨付事业经费的单位自用的土地，免征土地使用税。集体和个人办的各类学校、医院、托儿所、幼儿园用地是否免税，由当地的省、自治区、直辖市的税务部门确定。

（3）宗教寺庙、公园、名胜古迹自用的土地。其中，宗教寺庙自用的土地是指举行宗教仪式等的用地和寺庙内的宗教人员生活用地。宗教寺庙包括寺、庙、宫、观、教堂等各种宗教活动场所。公园、名胜古迹自用的土地，是指供公共参观游览的用地及其管理单位的办公用地。

同时，《中华人民共和国城镇土地使用税暂行条例》还规定，以上非营利组织的生产、营业用地和其他用地，不属于免税范围，应按规定缴纳土地使用税。比如，公园名胜古迹中附设的营业单位，如影剧院、饮食部、茶社、照相馆等使用的土地，应依法缴纳土地使用税。

6. 土地增值税

转让国有土地使用权、地上的建筑物及其附着物并取得收入，是指以出售或者其他方式有偿转让房地产的行为，不包括以继承、赠与方式无偿转让房地产的行为。也就是说，房产所有人、土地使用权人将房屋产权、土地使用权赠予非营利组织可以享受免税待遇。

7. 耕地占用税

《中华人民共和国耕地占用税暂行条例实施细则》规定，对学校、幼儿园、养老院、医院等社会组织，可以免征耕地占用税。其中规定免税的学校，具体范围包括县级以上人民政府教育行政部门批准成立的大学、中学、小学、学历性职业教育学校以及特殊教育学校。学校内经营性场所和教职工住房占用耕地的，按照当地适用税额缴纳耕地占用税。职工夜校、学习班、培训中心、函授学校等不在免税之列。其中规定免税的养老院，具体范围限于经批准设立的养老院内专门为老年人提供生活照顾的场所。其中规定免税的医院，具体范围限于县级以上人民政府卫生行政部门批准设立的医院内专门用于提供医护服务的场所及其配套设施。医院内职工住房占用耕地的，按照当地适用税额缴纳耕地占用税。税法同时规定，上述免税用地，凡改变用途，不属于免税范围的，应从改变时起补交耕地占用税。

8. 契税

中国税法规定，国家机关、事业单位、社会团体、军事单位承受土地、房屋用于办公、教学、医疗、科研和军事设施的，免征契税。企业事业组织、社会团体、其他社会组织和公民个人经过有关主管部门批准，利用非国家财政性教育经费面向社会举办教育机构，承受土地、房屋用于教学的，也可以免税。这里所称用于教学的,是指教室(教学楼)以及其他直接用于教学的土地、房屋;所称用于医疗的,是指门诊部以及其他直接用于医疗的土地、房屋;所称用于科研的,是指科学试验的场所以及其他直接用于科研的土地、房屋。其他直接用于办公、教学、医疗、科研的土地、房屋的具体范围,由各地省、自治区、直辖市人民政府确定。税法同时规定,享受免征契税的纳税人改变有关土地、房屋的用途,不再符合减免契税规定的,应当补缴税款。

(二) 向社会组织捐赠的企业可享受的优惠政策

向社会组织捐赠的企业所享受的税收优惠包括土地增值税和企业所得税两方面。

1. 土地增值税

如果企业将自己的房产捐赠给社会组织使用,并没有从中获取利润,作为无偿捐赠转让,在土地增值税方面可以享受免税待遇。

2. 企业所得税

企业向社会组织捐赠时,符合下列条件的,可以享受税收优惠政策:

(1)《中华人民共和国企业所得税法》规定,企业发生的公益性捐赠支出,在年度利润总额12%以内的部分,准予在计算应纳税所得额时扣除;超过年度利润总额12%的部分,准予结转以后三年内在计算应纳税所得额时扣除。

(2)如果企业要向公益性、救济性社会组织进行捐赠,并且想以此减免其企业所得税,那么在捐赠的途径上也有一定的规定,即必须通过国家机关或特定组织进行捐赠才会被认可,并且不是对所有社会组织的捐赠都会获得相关优惠政策,《中华人民共和国企业所得税法实施条例》指出:公益捐赠是指企业通过公益性社会团体或者县级以上人民政府及部门,用于《公益事业捐赠法》规定的公益事业的捐赠。例如对红十字会的捐赠,必须通过县级以上的政府和国家特设的组织向红十字会捐赠才可获得优惠政策,而且这里的红十字会也必须是县级以上的。

(3)企业对社会老年服务机构的捐赠,如果想获得企业所得税方面的减免,同上述对公益性社会组织捐赠一样,也必须通过国家机关或特定机构才会被认可,但这里的社会老年服务机构并没有地域级别的限制,所通过的特定的机构也是有国家规定的，包括宋庆龄基金会、发展基金会、老年基金会等近二十多家特设机构，在此范围之外的，一律不被国家认可。

（4）对农村义务教育机构进行捐赠的，也可以享受税收优惠政策。农村义务教育是乡镇级的小学、中学以及其他乡镇级履行九年义务教育的教育机构。

（5）对于青少年活动场所的捐赠，给予全额扣除。

（6）对于文化艺术性的社会组织进行捐赠，也可以享受税收优惠政策。捐赠企业可以享受年度应缴企业所得税10%范围内的扣除，但并非对所有文化艺术性非营利组织进行捐赠都可获得优惠政策，只有符合下列条件的文化艺术性社会组织才可享受该政策：①国家级重点交响音乐团、舞蹈团、戏曲团和京剧团以及其他民族艺术表演团体；②图书馆、博物馆、文化馆、美术馆、艺术馆、革命历史纪念馆；③重点文物保护单位。

（7）向经过财政局、税务局批准认可的学会、研究会等文化交流性社会组织捐赠，也可享受10%以内的企业所得税减免政策。

为便于理解，特举例如下。

某公司2019年主营业务收入为6500万元，其他业务收入为650万元，营业外收入为300万元，主营业务成本为3500万元，其他业务成本为450万元，营业外支出为400万元（包括对外捐赠230万元，其中通过县级政府向灾区捐赠200万元，直接向某学校捐赠30万元），税金及附加350万元，管理费用为500万元，销售费用为700万元，财务费用为200万元，投资收益为100万元，该企业以前年度没有发生捐赠。

该企业2019年会计利润＝6500＋650＋300＋100－3500－450－400－350－500－700－200＝1450（万元）；

公益性捐赠扣除限额＝1450×12%＝174（万元）；

因此，通过县级政府向灾区捐赠200万元，属于公益性捐赠，允许限额税前扣除，当年扣除额为174万元，未扣除部分26万元结转2020年度、2021年度和2022年度扣除。直接向某学校捐赠30万元，不属于公益性捐赠，不能扣除。

（三）向社会组织捐赠的个人可享受的优惠政策

个人向社会组织进行捐赠，可享受的个人所得税与企业所得税优惠政策

第七章　社会组织的税务管理

在条件上大体相似，不同的大多是扣除的比例，企业可扣除的比例一般在15%以下，而个人所扣除的部分相对要高一些。总结起来，可享受税收优惠政策的条件有如下几条：

（1）个人想通过对社会组织的捐赠而获得个人所得税的减免，在捐赠的途径上也有一定的规定，即必须通过国家机关或特定组织进行捐赠才会被认可，特定的机构也是有国家规定的，包括宋庆龄基金会、发展基金会、老年基金会等近二十多家特设机构，在此范围之外的，一律不被国家认可。通过国家机关和上述特定机构，向严重自然灾害地区进行的捐赠，在个人所得税的30%的范围内予以扣除。

（2）个人向救济性、公益性社会组织进行的捐赠，条件同企业一样，可以获得个人所得税30%以内的扣除。

（3）个人向农村义务教育进行的捐赠，条件同企业一样，可以获得个人所得税30%以内的扣除。

（4）个人对文化性、艺术性社会组织进行的捐赠，条件同企业一样，可以获得个人所得税的30%以内扣除。

（5）个体工商户向严重自然灾害地区进行公益事业的捐赠，条件同个人一样，可以获得所得税30%以内的扣除。

我们可以看看下面的例子。

王先生今年1月税前工资收入为3.5万元（排除"五险一金"专项扣除、附加扣除等情况），起征点为5000元，则王先生应纳所得额为3万元。王先生热心公益，在本月向一家基金会捐赠了5000元，那么根据相关优惠政策，王先生捐赠后的税收情况如何计算呢？

根据我国个人捐赠减免的政策，可以对比王先生捐赠前后的税收状况（表7-1）。

表7-1　王先生捐赠前后的税收状况

	没有进行公益捐赠	进行公益捐赠5000元后
可抵扣的应纳税所得额	0元	5000元（未超出王先生的税前扣除限额 30 000×30%=9000元，可全部扣除）
最终纳税额	900元（=30 000×3%）	750元（=25 000×3%）

按照现行税法规定，我国个人、企业在向社会组织进行捐赠时可享受的税收优惠政策，须受到两个方面的制约。首先，这两者不能直接捐赠，必须通过特定的途径才可以对社会组织捐赠。其次，并非对所有社会组织的捐赠都可享受优惠政策。而对社会组织本身而言，也并非所有行业的社会组织都可以获得优惠政策，有些要求特定的组织，有些要求地域级别。可见，国家在捐赠方面，开放口径并非很大。

对社会组织实施税收优惠具有理论意义和现实意义。一方面，税收优惠制度的改进和实施使税收优惠理论得以不断地实践和完善，使之更好地为促进社会进步而服务；另一方面，对社会组织的税收减免不仅能够调节社会财富，实现公平分配，还能够激励民间社会组织，推动社会公益事业的发展。此外，还有利于培养公民意识，促进社会的和谐发展。

三、我国社会组织的免税资格认定

免税资格是国家为促进公益慈善事业发展，赋予社会组织自身免交所得税的一项税收优惠资格。获得免税资格后，组织的捐赠收入可以全部免税，免税资格也是组织"节流"的有效途径。取得免税资格是获得税收优惠的前提。

（一）社会组织免税资格认定条件

《财政部 税务总局关于非营利组织免税资格认定管理有关问题的通知》（2018）指出，符合免税资格认定条件的社会组织，必须同时满足以下条件：

（1）依照国家有关法律法规设立或登记的事业单位、社会团体、基金会、社会服务机构、宗教活动场所、宗教院校以及财政部、税务总局认定的其他非营利组织；

（2）从事公益性或者非营利性活动；

（3）取得的收入除用于与该组织有关的、合理的支出外，全部用于登记核定或者章程规定的公益性或者非营利性事业；

（4）财产及其利息不用于分配，但不包括合理的工资薪金支出；

（5）按照登记核定或者章程规定，该组织注销后的剩余财产用于公益性或者非营利性目的，或者由登记管理机关采取转赠给与该组织性质、宗旨相同的组织等处置方式，并向社会公告；

（6）投入人对投入该组织的财产不保留或者享有任何财产权利，本款所称投入人是指除各级人民政府及其部门外的法人、自然人和其他组织；

（7）工作人员工资福利开支控制在规定的比例内，不变相分配该组织的财产，其中工作人员平均工资薪金水平不得超过税务登记所在地的地市级（含地市级）以上地区的同行业同类组织平均工资水平的两倍，工作人员福利按照国家有关规定执行；

（8）对取得的应纳税收入及其有关的成本、费用、损失应与免税收入及其有关的成本、费用、损失分别核算。

这些规定体现了在非营利活动范围、组织权益不可出售转让、薪金限额管理等方面的具体要求。

（二）社会组织免税资格认定材料

根据《财政部 税务总局关于非营利组织免税资格认定管理有关问题的通知》（2018），申请享受免税资格的非营利组织，需报送以下材料：

（1）申请报告；

（2）事业单位、社会团体、基金会、社会服务机构的组织章程或宗教活动场所、宗教院校的管理制度；

（3）非营利组织注册登记证件的复印件；

（4）上一年度的资金来源及使用情况、公益活动和非营利活动的明细情况；

（5）上一年度的工资薪金情况专项报告，包括薪酬制度、工作人员整体平均工资薪金水平、工资福利占总支出比例、重要人员工资薪金信息（至少包括工资薪金水平排名前10的人员）；

（6）具有资质的中介机构鉴证的上一年度财务报表和审计报告；

（7）登记管理机关出具的事业单位、社会团体、基金会、社会服务机构、宗教活动场所、宗教院校上一年度符合相关法律法规和国家政策的事业发展情况或非营利活动的材料；

（8）财政、税务部门要求提供的其他材料。

当年新设立或登记的非营利组织需提供本条第（1）至第（3）项规定的

材料及本条第（4）项、第（5）项规定申请当年的材料，不需提供本条第（6）项、第（7）项规定的材料。

（三）免税资格认定的发展与变化

1. 从收入管理转向收入与行为管理并重

2009年之前，我国是没有免税资格认定制度的，仅将非营利组织的收入作为企业所得税征缴特例进行处理。《关于非营利组织免税资格认定管理有关问题的通知》（2009）首次规定了我国非营利组织免税资格的认定办法。

2. 简化免税资格手续与强化管理并行

《财政部 税务总局关于非营利组织免税资格认定管理有关问题的通知》（2018）在非营利组织的管理细节上进行了较大修订，表现在以下三个方面。

（1）简化了部分申请审核手续。删除了"提交税务登记证复印件"的要求，免去了新设立或登记的非营利组织"提交年度财务报表、审计报告及活动材料"的要求。

（2）强化了非营利组织运营和活动信息的税务管理，明确了违法和违规行为的处罚制度。将"取消未参加年检或年检不合格的非营利组织免税资格"的规定改为"登记管理机关在后续管理中发现非营利组织不符合相关法律法规和国家政策的，自该情形发生年度起取消其资格"。

（3）与国际惯例接轨。新增"非营利组织从事非法政治活动的，自该情形发生年度起取消其免税资格"的条款，同时明确规定对触犯该条款的非营利组织不再受理其认定申请。

3. 明晰概念、量化管理，提升可操作性

比如将2009年通知中的"由财税部门复核非营利组织的免税资格，取消复核不合格组织的免税资格"改为"相应年度不得享受税收优惠政策"，进一步明确了复核不合格的处理办法。

第二节 国外非营利组织税收优惠制度

为了更好地促进非营利组织的发展，世界各国都对非营利性组织进行了税法调整，其调整主要涉及两个方面：一是非营利组织的税收地位问题。通过法律的资格确认之后,符合条件的非营利组织才可以享有税法的税收优惠待遇。二是非营利组织的税收优惠具体问题,如税基、税率等。此外还包括捐赠者就捐赠财产享有的优惠。了解和分析其他国家及地区的非营利组织的税收情况,借鉴它们的理论和经验,对建立符合我国现阶段非营利组织实际情况的税收对策有着积极作用。

一、英国公益慈善税收减免

在英国,公益慈善法经历了长期的历史发展。1601年的《济贫法》开始界定何谓公益慈善,对非营利组织的税收规制取决于该组织是否具有慈善目的。也就是说,税收减免制度并不完全覆盖所有非营利组织,而只针对"以公益慈善为唯一目的"的公益组织,公益组织能获得减免的税种包括所得税、遗产税增值税、资产收益税等。所得税减免包括租金获利或从房地产、利息、土地所有权所得收入;利息、股金和红利以及英国以外的债券和其他财产的收入。根据1992年《可征税所得法案》第256条规定,只有收益用于慈善目的,才可免除资本的利税;同时,英国税务机关要求公益组织严格区分非商业活动和商业活动,非商业活动(如销售捐赠物品、残疾人使用器材、书和其他出版物等)才能获得相应增值税退税。

在捐赠者方面,英国税收优惠的种类主要包括所得税、遗产税、资本利得税以及公司税等。这也是英国通过对公益慈善捐赠的税收优惠而鼓励和推动社会财富重新分配的一项有力措施。首先,在公司捐赠层面,法律规定只要公司在账目中申明提供公益慈善的捐赠,其捐赠部分就会免除公司所得税(约占30%)(施昌奎,2009)。其次,在个人捐赠层面,英国并没有统一的个人捐赠所得税的抵扣比例,而是将捐赠人分为基础税率纳税人和较高税率纳税人,对于较高税率纳税人,获得的所得税减免比例也更高(王名,2009)。另外,从1986年开始,英国实施薪水册捐制度,员工可以授权给雇主,将自己薪水的一部分捐赠给自己选择的公益慈善组织。这部分捐赠虽不能享受税收减免,但实际上对员工工资的所得税进行了合理的扣除。财产捐赠给公益慈善组织可以免征遗产税,但前提是捐赠人没有在捐赠中获得相关利益。而对向非公益慈善组织的捐赠一般都必须缴纳遗产税。在资本利得税方面,向公益慈善组织捐赠的财产被英国税法视为价值不变,可以免征资本利得税。

二、美国非营利税收减免

在美国,非营利组织的免税资格由美国财政部下属的联邦务局认定。尽管法律并不禁止非营利组织从事营利性活动,但根据必要性和相关性两个因素严格区分非营利组织的营利性活动和非营利性活动,从而确保组织的非营利宗旨(赵青航,2012)。根据联邦税法,非营利组织分为两大部分:一部分是为公众服务或使公众受益的部门,不仅其本身免税,向其提供捐赠的捐赠者也享有法定的扣除税金的待遇;另一部分是为会员服务或相互受益的部门,只有其本身可免税,向这类组织提供捐赠的捐赠者不享有扣除税金的待遇。美国具有免税资格的非营利组织主要有公司、非公司社团和基金信托三种组织类型,任何类型的非营利组织想要获得免税资格必须首先向州政府登记注册。美国国内收入局认定为非营利组织并获取免税资格的,颁发与其组织类型相符的免税认定证明。

对非营利组织本身的免税优惠方面,可分为所得税、财产税、失业税等不同税种。凡经由美国国家税务局查实并赋予免税资格的美国非营利机构,均可得到对上述三种税收的全额免除。其中所得税免税是指具有免税资格的非营利机构,在经营与他们的非营利目标相关事业中的获利,可以免除税收。财产税免税是指这类机构所拥有的土地、房产等机构资产,可以免除土地税和房产税。失业税免税是指这类机构无须交纳其他机构的雇主必须按人头向政府缴纳的失业保障税。给予向非营利组织捐赠的纳税人的税收优惠分为应缴税所得额扣减政策、财产税及遗产税的免税。应缴税所得额扣减政策只对已经取得免税资格的、符合美国国税局501(c)(3)条款的慈善机构有效。也就是说,如果捐赠人不是捐给501(c)(3)条款所列出的机构,以及这个机构尚未获得美国国税局批准的非营利机构免税资格,就不能得到应缴税所得额扣减的优惠。该项优惠是指捐赠人的捐款额可从应缴税收入所得的一定比例内全部扣减。其中,应缴税所得额扣减的一定比例,对于公司法人捐赠者的规定是10%,对于个人捐赠者的规定是50%。

对于捐赠者而言,应缴税所得额扣减政策惠及公司法人和自然人,而财产税和遗产的免税政策则惠及捐赠者个人。美国财产税和遗产税的税率是很高的,而且采用累进税制。就是说财产或遗产总额越高,缴税的比率越高。这就促使个人努力通过捐赠财产或遗产回避高额缴税。捐赠的方式除了成立私人基金会,设立或加入专项基金之外,还有订立慈善信托契约形式。凡用于慈善捐赠的这部分财产或遗产,是免于征税的。另外,个人还可以用捐赠股等形式回避投资收入税。

此外,为了规范非营利组织的活动,美国还规定了非营利组织的税收保障机制。一是惩罚性税收。如果非营利组织与对其事务有实质性影响的个人进行交易,并产生了有利于个人的"过多利益"(即指该组织提供的价值远高于个人应该接受的价值),则该组织将被课征"过多利益"10%的惩罚性消费税,同时该有实质性影响的个人则将被征收"过多利益"25%的消费税。如果这种个人交易行为在税法规定期限内仍未改正,则该个人将再次被课征过多利益200%的惩罚性税收。二是税收制度体系。美国制定了系统的税收管理制度,如免税资格认定、运行性测试制度、申报制度、信息披露制度等。

三、日本公益税收减免

日本税法中对公益法人有明确规定,如果非营利组织获得了公益法人或特定公益法人地位,那么它就具有了相应的减免税资格,就可以自动享受优惠的税收待遇,其非营利活动所得收入免税,而营利活动所得收入按较低的公司税率征税。税法规定,以发展公益为宗旨的非营利组织在从事营利活动时,以一般企业30%的税收优惠征收企业税。非营利组织的土地属于非课税土地,但如果这些土地处于闲置状态或用于非业务范围则要征税。

日本的公司在进行公益捐赠时享有较多的税收优惠,这也可以解释为何日本公司在日本全国公益捐赠构成中所占比例很大。税收优惠主要包括两种:第一种是公司对政府的捐赠以及对公益组织或其他承担公益活动的团体的"指定捐赠",可以在税前进行全额扣除。第二种是对某些特定公益慈善组织的捐赠实行限额扣除,这类公益慈善组织是依法设立的公益法人,例如红十字会、社会福利法人、综合研究开发机构以及国际交流协会等(郭健,2009)。

相对而言,日本个人捐赠享受税收优惠幅度较小。个人捐赠只有超过1万日元才可以享受税前扣除的优惠,而且还有不超过应纳税所得额30%的限制，可享受的扣除范围也只限于"指定捐赠"。至于遗产捐赠，日本法律规定遗产的继承人对先人财产捐赠给公益组织，免征遗产税。同时法律还规定，非营利组织的收入若用于非营利活动或者资助其他公益组织，可享受18%的减税；若把收入投入教育事业，则这一标准能提高到47%。日本税法的这种制度安排形成了以公司捐赠为主的减税格局，个人捐赠规模非常小。

四、德国非营利税收减免

德国的税收减免制度比较严格，德国的非营利组织包括社团法人和财团法人。德国税法将非营利组织的活动从性质上确定为公共目的，包括公共福利目的、慈善目的和宗教目的的三大类，以此确定免税资格。非营利组织的商业活动也被分为寻求公共目的的商业活动和自营活动两种类型。寻求公共目的的商业活动（如教育、宗教、文化等项目）的收入以及由公共部门所支付的必要管理费用（如医院、博物馆等费用），这些属于免税范围。而自营活动分为财产管理活动和营利性活动，前者指从事投资以及租赁活动，其获得的收入也属于免税范围，但是有32%的限制，并且这种投资与租赁的收益禁止分配。

德国的制度比较特殊。德国税法对非营利组织的免税范围包括法人所得税、消费税、净资产税、商业税等，但不豁免大部分增值税对于捐赠的行为。首先，规定了捐赠条件，也就是必须符合"自愿并无回报原则"，教育费用不能作为捐赠支出扣除，例如父母为了孩子向孩子所在学校捐款，这很可能会被认为具有回报（王名等，2006）。其次，德国税收对捐赠优惠有阶梯差异，例如向一般非营利组织捐赠享受9%的优惠，若用于教科文卫以及其他公益事业的捐赠，则享受11%的优惠，捐赠达到一定数额还可以享受税负的分期折扣，个人折扣年限为8年，企业为7年。

第三节　我国社会组织免税政策发展及其完善

我国社会组织税收优惠制度的立法实践也经历了一个相对漫长的过程。20世纪80年代，我国逐渐从法律上确认了社会团体和基金会等社会组织，但税收优惠制度则迟迟没有建立，1988年的《基金会管理办法》中只规定国外捐赠给基金会的物资免征关税。此外，在我国《企业所得税法》《个人所得税法》《公益事业捐赠法》等法律和国务院颁布的《企业所得税法实施条例》等条例以及《财政部 税务总局 民政部关于公益性捐赠税前扣除有关事项的公告》(2020) 等部门规范性文件当中，均对社会组织的税收优惠政策有补充。

一、对社会组织自身的所得税优惠

经认定获得免税资格的社会组织取得符合条件的收入，免予征收企业所得税，但是需要注意以下几点。

（1）并非所有的社会组织都免税。每年各省、自治区、直辖市的民政、财政、税务部门均会联合对社会服务机构（民办非企业单位）进行免税资格认定以及年审，对社会组织免税资格进行每年一次的认定。社会服务机构应当认真做好免税认定工作。

（2）并非所有的业务收入都是免税收入。根据《关于非营利组织企业所得税免税收入问题的通知》(财税〔2009〕122号)的规定，免税收入有如下项目：①接受其他单位或者个人捐赠的收入；②除《中华人民共和国企业所得税法》第七条规定的财政拨款以外的其他政府补助收入，但不包括因政府购买服务取得的收入；③按照省级以上民政、财政部门规定收取的会费；④不征税收入和免税收入孳生的银行存款利息收入；⑤财政部、国家税务总局规定的其他收入。

除以上五个项目外的其他收入，利用组织自身的资源优势提供有偿服务取得的收入，均属于应税收入。值得注意的是，并非从政府部门取得的收入均为免税收入，只有无偿从政府取得的经费、补助等收入才属于免税收入，给政府部门提供服务、商品等行为要通过行政合同，无论是社会服务机构还是企业，均应按税法规定纳税。

二、对捐赠人的税收优惠

与社会组织自身的税收优惠相对应，对捐赠人的所得税优惠制度是社会组织所得税优惠制度的另一个层面。由于社会组织具有代替政府提供公共物品的特殊的公益价值，从一定意义上说，市场主体通过对社会组织进行捐赠，在客观效果上类似于向国家缴纳税款（王喆等，2006）。对此，我国《企业所得税法》《个人所得税法》《企业所得税法实施条例》《个人所得税法实施条例》以及许多部门规范性文件都作出了相关规定。

(一)捐赠人享受优惠的条件

对于捐赠人来说,要享受税收优惠必须符合两个条件。首先,根据我国法律规定,捐赠对象必须是公益性社会团体或国家机关。其次,捐赠的用途必须是用于公益事业。《中华人民共和国公益事业捐赠法》对公益事业的范畴作出了明确的界定:"本法所称公益事业是指非营利的下列事项:救助灾害、救济贫困、扶助残疾人等困难的社会群体和个人的活动;教育、科学、文化、卫生、体育事业;保护环境、社会公共设施建设;促进社会发展和进步的其他社会公共和福利事业。"

(二)捐赠人享受优惠的方式与范围

根据税收优惠的形式,税收优惠的种类通常被分为税收减免、延期纳税、退税、税收豁免等多种类型,其中税收减免制度具有简便易行的特点,且十分适用于以我国为代表的累进税率结构国家,所以我国对捐赠人的税收优惠方式是税收减免。

对于企业来说,其存在的根本目的是追求利润的最大化。然而随着社会的发展,企业的社会责任也引起了社会各界的重视。所谓企业的社会责任,是指企业不能将最大限度地为股东们营利作为自己的唯一存在目的,而应当最大限度增加股东利益之外的其他所有社会利益(倪艳,2007)。于是,将企业利润的一部分投入公益事业,就成为了企业履行自身社会责任的主要方式。为了鼓励企业履行社会责任,早在1993年颁布的《企业所得税暂行条例》第六条第四款就明确规定:"纳税人用于公益救济性的捐赠,在年度应纳税所得额3%以内的部分,准予扣除。"2007年颁布的《企业所得税法》又将扣除的比例提升至12%,这不仅大大提高了企业进行公益捐赠的积极性,也有利于保障国家的税收利益。此外,国家税务总局陆续规定对特定的基金会和社会团体的捐赠人享受诸如全额扣除、10%比例扣除等特殊税前扣除资格。

为了鼓励个人对公益事业的捐赠,《个人所得税法》第六条规定:"个人将其所得对教育、扶贫、济困等公益慈善事业进行捐赠,捐赠额未超过纳税人申报的应纳税所得额百分之三十的部分,可以从其应纳税所得额中扣除;国务院规定对公益慈善事业捐赠实行全额税前扣除的,从其规定。"《个人所得税法实施条例》第十九条对此进行了细化:"个人所得税法第六条第三款所称个人将其所得对教育、扶贫、济困等公益慈善事业进行捐赠,是指个人将其所得通过中国境内的公益性社会组织、国家机关向教育、扶贫、济困等公益慈善事业的捐赠;所称应纳税所得额,是指计算扣除捐赠额之前的应纳税所得额。"

此外,在进口关税方面,2015年我国财政部、国家税务总局和海关总署颁布了《慈善捐赠物资免征进口税收暂行办法》,该办法规定,对境外捐赠人无偿向受赠人捐赠的直接用于慈善事业的物资,免征进口关税和进口环节增值税。

三、我国社会组织税收优惠制度的不足与完善

当前我国社会组织发展迅速,企业和公民的社会责任意识逐渐提高,这将极大推动社会公益事业的发展,因此,对社会组织的税收优惠制度的需求也变得十分迫切。然而,我国在社会组织的税收优惠制度方面还存在许多问题,这在一定程度上阻碍了公益事业的发展。

(一) 我国社会组织税收优惠制度存在的问题

我国社会组织税收优惠制度目前仍然面临以下四个方面的问题。

1. 税收立法没有形成完善体系

目前我国的税收法律体系只针对相关税种进行立法,即"分税立法",但并未建立专门针对社会组织税收征管的法律。西方发达国家的法律体系和法制制度相对完善,而我国有关社会组织的法制建设严重滞后,到目前为止,还没有形成一部专门针对社会组织的法律。现有的《社会团体登记管理条例》《基金会管理办法》《民办非企业单位登记管理暂行条例》等登记管理条例主要侧重于登记程序,在税收、财务管理、员工社会保障等方面没有较具体、详细的规定,所以对社会组织的界定和管理处于无法可依状态。我国现行的税种大部分是由国务院以暂行条例的形式实施的,并不是由全国人民代表大会及其常务委员会以法律的形式颁布实施,对社会组织的税收优惠大多是依

靠各个行政部门的规章来调整，立法层次不高。这不仅影响了税法的等级效力和稳定性，而且容易造成各种规定或相互抵触或形成空白，还有可能造成执法的随意性（曲顺兰，2005）。

2. "非营利性"的界定依然是令人困惑的难题

尽管目前2016年的《慈善法》对于"从事公益性或者非营利性活动"采取功能主义立法方式进行了界定，但是对于"非营利性"仍然没有明确界定。少数税务执法人员常常认为非营利性就是"无盈利"，即没有利润或收支没有结余的组织才是非营利组织；但是实际上"非营利"是指组织的"禁止分配限制"，我国很多社会组织例如故宫博物院，也在通过门票与文创销售等获得收入。因此要将"非营利"与"无盈利"区别开来。对于社会组织的性质进行准确界定是贯彻落实我国社会组织税收优惠制度的前提，目前相关法律也缺乏对于"非营利性"的解释与说明，如果不能对社会组织的"非营利性"进行官方而权威的界定，社会组织的边界问题将阻碍社会组织税收政策的发展。

3. 社会组织税收标准模糊、税收制度落后

我国没有形成一套专门的鼓励社会组织发展的税收政策体系以及统一的税收标准，且免税扣除标准的制定比较随意。此外，现行的社会组织税收制度已经严重滞后，例如，企业和个人向社会组织进行捐赠可以享受税收优惠政策，然而捐赠后可以扣除的所得税比例仍然不高，不利于提升捐赠者的积极性。再者，并不是所有的公益捐赠都可以享受到税前扣除的税收优惠待遇，只有向国家认可的、符合条件的、通过税务总局所许可的中国境内的社会团体、教育机构和其他社会公益组织捐赠才可以享受税收优惠政策，导致社会捐款只向少数社会组织集中的情况，使慈善资源配置很不合理（张文山，2015）。

4. 资格认定程序存在问题

社会组织优惠资格的认定范围过于局限且分类不清、取得优惠资格的程序烦琐。近年来我国社会组织增长迅速，为了方便管理，社会组织税收优惠资格的认定呈现"严进宽出"的现状。一是目前我国社会组织受到业务主管单位和登记管理机关的双重管理，社会组织的登记注册需要同时获得业务主

管单位和登记管理机关的同意。即便顺利进行到登记环节，免税资格还要经过财政、税务部门的联合同意才可获得，可见其税收优惠资格的认定较为烦琐。这样一来，许多中小型社会组织难以找到挂靠单位完成登记，即使可以找到，许多业务主管单位在审核过程中要求繁多，或因不能受益不予配合，使得中小型社会组织无法取得税收优惠，造成组织利益的受损。二是目前我国社会组织税收优惠的事后监管薄弱。我国针对社会组织税收优惠的监管基本仅体现在《财政部 税务总局关于非营利组织免税资格认定管理有关问题的通知》中，尚未重视这方面的监管与规范。此外，社会组织免税优惠资格的有效期为五年，在这五年期间无须再提交有关税收优惠资格的材料，只有当社会组织免税资格发生变动，自己主动向主管税务机关报告才会再次直接涉及税收优惠资格这一问题，这为一些社会组织骗取税收优惠提供了机会。

（二）完善我国社会组织税收政策的建议

1. 建立健全法律法规，提高税收立法层次

首先，要制定税收基本法。税收基本法，也称为母法。我国最高的立法机关是全国人民代表大会，所有有关社会组织的法律都由全国人大及其常务委员会来制定，所有低位法律都不能跟税收根本大法相抵触。这样才能形成一套有核心法律作为支撑的完整的税收法律体系。其次，为使社会组织依法规范运作，并使有关对社会组织的激励性政策和相关管理办法有法可依，政府应尽快制定《社会组织法》或《社会组织管理条例》等一系列相关的法律法规，包括有关社会组织的概念、范围、分类、资产管理、资金的筹措与使用规定、税收政策、经营范围、评价标准、社会监督等方面的内容。

2. 确立社会组织的边界

按照学术界的观点，非营利组织并非不能营利，只是营利所得不能在股东中进行分配，而要用于组织的持续发展。但是为了区分社会组织的营利行为与商业组织的营利行为，符合免税资格条件的营利应该是有边界的。目前我国《慈善法》第六十条规定"慈善组织中具有公开募捐资格的基金会开展慈善活动的年度支出，不得低于上一年总收入的百分之七十或者前三年收入平均数额的百分之七十"，《基金会管理条例》第二十九条也规定"公募基金会每年用于从事章程规定的公益事业支出，不得低于上一年总收入的70%"，

但收入支出比规定显然是针对收入总额的,而盈利率主要是针对现行法律框架内的应纳税收入,其盈利率的高低主要由应纳税收入减成本决定。这就要求对社会组织的应纳税收入及其有关成本、费用、损失进行单独核算。根据社会组织的应纳税收入中宗旨相关收入和宗旨无关收入的划分,也应区别对待社会组织盈利边界控制标准。

第一,与社会组织宗旨无关的收入,其盈利率由市场调节,无免税资格认定要求。

第二,对与宗旨相关的应纳税收入,采用边际贡献率来控制边界。宗旨相关收入边际贡献率 =(宗旨相关收入-宗旨相关变动成本)/宗旨相关收入×100%。

社会组织可以将按此标准确定的宗旨相关收入边际贡献率换算为收入净利率,低于社会平均利润率,能够兼顾社会组织的公益性和营利性。

3. 组织薪金高低应当与公益支出挂钩

尽管社会组织中存在很多人们所认为的不求回报的志愿者,但这并不意味着对于志愿者的道德绑架。作为社会组织一员的自然人员工自然是希望在完成组织公益目标的同时,获得相应的个人报酬,而公益支出可以反映出社会组织实现组织公益目标的程度即组织"做了多少事"。社会组织的员工薪酬可参照当前事业单位的工资制度,由基本工资和绩效工资两部分构成,绩效工资总额与社会组织公益支出挂钩,以调动社会组织成员的工作积极性与主动性,甚至可以以较高薪资招聘专业的公益从事者,以提高社会组织的专业化程度。

4. 探索备案登记制度

我国应逐步推进登记制度从注册登记向备案登记转变,并完善备案登记的保障制度。纳税主体的确定是纳税的基础,在免税资格认定上税务机关应当对社会组织独立认证,实现对社会组织进行免税的目的,但在资格认定之前应当与社会组织的登记机关进行行政信息交流,形成多方位的评估机制。同时,依照我国法律成立的非营利性组织都是法定的纳税人,相应的登记管理机关必须对社会组织的变动撤销等活动也建立相应的定期沟通机制,有条件的应当建立社会组织的信息数据库,共享相关行政许可的信息。在认定体系中也应当引入惩罚退出机制,在对社会组织进行每年度有关其组织目的实现、财务状况、组织管理评估的基础上，对社会组织进行评级，这种评级的目的是对不符合国家相关社会组织活动规则的社会组织采取强制性的退出机制或者强制合并管理机制，保证税收优惠制度制定目标。

◇ 社会组织管理 ◇

第八章 社会组织未来向何而去

2019年，故宫角楼餐厅6688元一桌的年夜饭在网上十分火爆（后取消），角楼咖啡厅也成为众多游客的打卡圣地。除此之外，故宫文创更是成为故宫博物院的"创收明珠"（图8-1）。2014年，一篇《雍正：感觉自己萌萌哒》的微信推文，让平均阅读量为四位数的故宫微信公众号有了第一次的10万+，自此以后，故宫开始利用互联网渠道，一改严肃形象，靠着"卖萌"文创成为超级网红。据故宫博物院前院长单霁翔透露，2017年故宫文创的年收入就达15亿元，媒体称这个数字超过了1500家A股上市公司。

图8-1 部分故宫文创产品

非营利性博物馆跨界经营，并不是故宫博物院一家独有。大英博物馆70%的收入来自艺术衍生品；美国纽约大都会艺术博物馆2015年衍生品收入达到9.46亿美金，占收入六成。

2015年3月20日，我国《博物馆条例》正式实施，明确博物馆可以从事商业经营活动，挖掘藏品内涵，与文化创意、旅游等产业相结合。一方面，博物馆从事经营活动为吸引游客起到宣传效果，另一方面，衍生品创收弥补了财政补助与门票收入的不足，推动了博物馆的高质量、可持续发展。

除了博物馆，越来越多的社会组织正在考虑如何通过创收来实现社会使命，而不仅仅是靠政府拨款与慈善捐款。在资源竞争日益激烈的今天，社会组织跨界从事经营活动是否已经成为一种趋势呢？

第八章　社会组织未来向何而去

一直以来，学术界对政府和社会组织的关系模式究竟是多元主义还是国家法团主义乃至非制度化的附庸庇佑关系存在不同见解。多元主义主要反映美国社会的经验，法团主义则是一个来自欧洲的经验理念。二者概括了两种不同的国家与社会关系模式。多元主义假定权力的分布是分散的、非单一集团控制的，社会中包含许多在利益和价值方面相互冲突的群体，它们由个体组成，个人通过参加群体来集中利益、影响政策。在多元主义者看来，政治的基本场所是社会而非国家，社会由自愿利益团体组成，这些利益团体自身不图谋组织或取代政府，但它的行动对政府构成压力。利益团体数量众多，成员不断扩大，且相互竞争，它以代表的广泛性获得力量，以确保社会中的多种利益要求有组织地进入政治过程。针对多元主义而生的法团主义则希望在多元主义支配模型之外提供一个可供选择的方案，即通过建立一个稳定的、控制良好的、具有广泛联合能力的体制，让社会从广泛激烈的团体冲突中解脱出来，克服经济转型期可能出现的政治危机。法团主义者坚信，现代社会的组织化发展，需要公共权力更多地参与秩序，即利益的调节事务。

第一节　多元主义视角下美国非营利组织的发展

美国被认为是典型的多元主义体制地区，社会组织更多呈现一种多样性。以下我们将从美国非营利组织的发展历史（王名等，2020）入手，探讨多元主义模式下社会组织的未来发展。

在美国，非政府非营利的社会组织习惯上被称作"非营利组织"，"先有社会，后有国家"使非营利组织与这个移民社会的历史同样悠久。美国是一个移民国家，从历史发展来看，"美国"首先具有的是地理的、社会的概念，其后才逐渐发展成为政治的、主权的概念。自早期的殖民者先后来到美国开始，社会意义上的美国就已经开始出现，也就是说，这个社会的原点就是结社。

从美国非营利组织发展的思想脉络演进、组织类型变迁、数量规模增长以及相应的法律法规等制度建设和完善等视角来看，可以将美国的非营利组织发展的历史大致分为四个主要阶段。

一、第一阶段：从"新世界"到19世纪晚期

1620年，"五月花号"载着英国的一批清教徒到达北美，船上41名成年男子在登岸前签署了一份联合协议，"自愿结为民众自治团体"，俗称"五月花号公约"，这种自治形式就是结社，美国最早的志愿结社社会开始形成。在1789年美国联邦政府成立之前，这个英殖民地移民社会基本依靠民间自治的方式成立了诸多慈善和其他类型的志愿团体来满足社会、经济、教育等方面的需求。在非营利领域，最先出现的组织深受宗教的影响，早期也主要由宗教机构运营慈善组织。

到19世纪，美国的非营利组织在发展中涌现出具有社会组织运动色彩的类型，如互助社、改良运动组织、社会服务组织、教育文化机构等。在那以前，非营利组织往往与营利组织如企业、合作社、同业公会等混作一谈。到了19世纪中期，随着各种非营利组织及营利性企业的发展，美国大多数州开始制定成文法，将非营利法人规定为法人之一。之后，非营利组织主要以非营利法人的形式存在。在包括银行、保险等在内的多个领域，服务于会员的各种互益型协会大量出现。同时，劳工组织和农民协会也在全国范围内发展起来。

这一时期，美国的非营利组织均为接受捐赠开展服务的运行模式，主要活动是开展慈善活动，但采取的是自助形式，即不是为穷人提供捐助而是提供同情和建议，此时的非营利组织整体及个体规模均比较小，基本上停留在社区层面，同时，诸多慈善组织并未采取慈善信托的形式，而是采取了非营利法人组织形式。

二、第二阶段：从19世纪末到20世纪30年代

19世纪末20世纪初，美国迅速崛起，经济突飞猛进，资本逐渐集中，垄断组织获得极大的发展，美国的社会、经济、文化等各个领域都发生了剧烈的变革。这种社会变革对美国非营利组织的发展造成了冲击。这一时期，一批有远见的、掌握着巨大财富和社会资源的企业家在美国掀起了兴办私人基金会的捐赠浪潮，一种新型非营利组织——现代基金会出现。现代基金会采用私人资源设立独立法人的形式，成为社会公共事业的资源来源库。它使

商业私益资金参与社会公益的渠道得到了畅通,进而形成捐赠—资助—服务的分工专业化公益模式。在此阶段,规模最大的三大基金会是:1907年成立的塞奇基金会、1911年成立的卡内基基金会和1913年成立的洛克菲勒基金会。

美国非营利组织的另一特色类型是思想库或称智库,即专门从事公共政策研究的独立组织,如1916年成立的政府研究所(布鲁金斯学会的前身)、1919年的胡佛研究所、第二次世界大战(以下简称"二战")后成立的兰德公司。虽然一些智库接受政府、党派、大学的资助,但它们的运作相当具有独立性,在公共政策中影响活跃。美国是全球智库研究能力最强大的国家,华盛顿K街上智库就有上百家。

这一时期,美国非营利组织迅速发展起来,出现了资产规模空前的现代私人基金会形式,其使命定位在人类的未来上,例如,卡内基基金会的使命是"增进和推广知识与理解";洛克菲勒基金会则是"促进全球的人类幸福"。与此同时,非营利组织在治理结构上发生了变革,建立了具有类似公司的法人治理结构,使其具有对新的社会需要和时代变化的应对能力,并以创造高效率的赠款途径带动受赠机构同样高效地运营。现代基金会同样使美国慈善事业的发展模式经历了由传统的个人行为向更具组织性、规模性、专业性的社会活动的转变。此外,现代基金会也促进了慈善对宗教的脱离以及独立于宗教的公民意识的形成,基金会的运作更加融入社会。在这之后,美国非营利组织的活动范围逐渐扩大,发展到全国范围乃至全球范围。

三、第三阶段:从"新政"实施到20世纪70年代

1933年至1939年,美国陷入"经济大危机",受凯恩斯主义的影响,政府开始对经济进行全面干预,形成所谓美国"新政",施行大规模救济失业者和贫民的"福利国家"政策。1936年国会颁布施行《社会保障法案》后,美国的社会福利制度逐渐健全起来,在相当程度上挤压了非营利组织和慈善事业的发展空间。许多非营利组织只好转向基层社区开展活动,或到海外开展活动。

"二战"期间,美国的一些致力济贫、救灾、伤员救助、难民救助等公益活动的非营利组织在世界各地发挥了重要作用。"二战"后,美国各大基金会

和一些大型非营利组织,将工作重点转向第三世界的发展中国家,与世界银行、联合国开发计划署密切配合,在亚非拉各国开展了大量涉及扶贫、农业发展、教育、卫生、社区发展等领域的援助项目。

20世纪70年代,美国非营利组织的数量、规模、活动范围都显著增大。伴随着美国服务业的蓬勃发展,非营利组织逐渐成为服务业的发展主体,特别是在医疗卫生领域和教育领域,非营利组织的医院、学校开始成为引领非营利组织发展的主力军。

这一时期,美国的非营利组织发展领域不断扩展,开始提供全球公共物品;活动领域也不断扩大,从传统慈善服务扩展到更加广泛的社会服务乃至公共服务领域。此外,美国各级政府与非营利组织合作趋势加强,许多非营利组织加入到"反贫困"等国家计划中,通过购买服务参与社会服务与公共服务的供给。在这一时期,大量商业型的非营利组织开始出现,非营利组织发展呈现出更加强烈的商业化倾向,非营利组织逐渐进入与营利组织平等竞争的环境中。

四、第四阶段:从20世纪80年代至今

20世纪80年代,美国经济陷入"滞胀",政府的巨额财政赤字致使其经济职能收缩,政府与社会的关系得到改善。随着联邦政府财政支出的缩减,流向非营利组织的资金减少,一些积极参与公共服务的非营利组织面临生存困境。在美国的慈善法律和文化中,尽管一直允许非营利组织开展商业活动以支持慈善事业,但并不鼓励非营利组织的商业活动。然而在里根政府时期,出台了历史上第一个促进慈善组织参与商业活动的法律和政策。这种做法刺激非营利组织主动作出改变以适应形势的要求。尽管部分非营利组织在新法律和政策下无法运转而萎缩乃至消失,但大部分非营利组织还是实现了成功转型,非营利组织的商业活动空前活跃,慈善事业由此得到了大量来自市场的资源,获得了前所未有的发展生机。

这一时期美国非营利组织在数量、规模、领域和影响力方面,呈现出前所未有的发展势头,成为美国经济社会生活中一个重要的部门。由于法律和政策环境的变化,非营利组织的商业化越来越普遍,非营利组织被完全推向了自由市场,服务收费成为美国非营利组织的主要收入来源,慈善捐助只占

第八章 社会组织未来向何而去

非营利组织收入的一小部分。社会企业和公益创投等非营利组织商业活动的创新形式开始涌现。

美国的非营利组织的发展呈现出多样性，除了数量、规模的稳定增长，还表现在越来越多地与其他组织进行交融，政治性和商业性不断增强，民间性和志愿性逐渐淡化。

伴随着数量和规模的增长，非营利组织的作用和影响力发生了变化，这不仅表现在非营利组织成为国民经济、政治结构、法律体制的重要组成部分，更重要的是非营利组织实际上已经成为权力结构的一部分。在美国通过宪法第一修正案和第十四修正案确立非营利组织的宪政基石——表达自由之后，法律的规制逐渐完善，同时法律在一定意义上具有的自治性也必将对非营利组织的发展带来影响，尤其是当法律对非营利组织的地位、角色和作用日益进行理性定位时。

美国非营利组织的组织形态和类型不断创新，且这种组织形态和类型的变化与政治、经济、社会的发展需求和趋势具有十分紧密的联系。最为典型的特征有三个：一是慈善法人的设立。这使得成立非营利组织成为一项公民权利，而不再依靠政府"特许"，即实现了从身份（特权）到自由（权利）的发展。二是基金会的出现。基金会具有组织化、专业性等特征，能够为其他非营利组织提供资金支持，成为其他非营利组织发展的标杆。三是社会企业的出现。社会企业融合了市场竞争和社会目标，目的在于寻找社会影响与经济效益之间的平衡与转换，使二者进行有效的跨界融合。社会企业既是非营利组织运用商业化方式筹集资源，实现非营利组织的经费资助甚至组织运作的可持续发展的方式，也是实现公司社会责任的有效手段。随着政府、市场和社会跨界合作与融合的深化，非营利组织的组织类型将会越来越多样化。

自里根政府将非营利组织完全推向自由市场，商业化就成为非营利组织必须直面的挑战。在美国的市场经济条件下，商业组织对非营利组织形成了巨大挑战。随着非营利组织定位、运作范围、组织服务对象发生变化，越来越多的商业组织开始进入传统上属于非营利组织范围的活动领域，并以其巨大的资源、人力、管理等优势对非营利组织形成了巨大挑战。这就要求非营利组织必须迅速掌握运用商业化模式解决组织发展问题的能力。随着公众对非营利组织绩效期望的提高，以及非营利组织在经济、政治、社会等领域的地位和影响力的增强，美国非营利组织的专业化和组织化程度进一步提高，一定程度上将会进一步推动公益生态链的完善，非营利组织的横向、纵向、跨部门联合的网络化趋势会越来越强。在非营利组织大量采取商业化运作的背景下，新的非营利组织类型将不断增加，组织形态差异将会引起治理结构之间的区别发展。美国非营利组织差异化趋势将日益增大。

非营利组织与政府、企业之间的合作、互动将日趋频繁。在非营利组织与政府的关系由相互独立、彼此敌视转向成为合作伙伴的过程中，二者之间的合作将会越来越频繁，合作范围和规模也将不断扩大。在国际上，非营利组织逐渐成为美国政府实施对外政策的工具，同时影响着美国的对外政策。在与企业的关系上，由于存在对企业资源的依赖、对企业运作模式的借鉴等诸多因素，非营利组织与企业之间的关系也将逐步从传统的受赠者—捐助者发展为更深层次的战略性合作。

美国非营利组织活动的国际化与社区化并重态势将得到加强。美国从事国际援助和国际事务的非营利组织数量庞大，在国际上的支出不断增加。美国的社区非营利组织数量同样巨大，它们提供的服务几乎囊括了所有的公共服务领域。全球化不断增强，美国的非营利组织必然在以本国为基础的前提下，逐步把国际化作为自身的追求并加以实践。

美国非营利组织的发展一直伴随着创新，这种创新主要包括组织创新、服务创新、服务机制创新、治理和管理创新。在组织创新上，如现代基金会的诞生、社会企业的出现；在服务创新上，如从提供慈善到提供公共服务和准公共服务的转变；在服务机制创新上，如从提供救济到科学慈善再到公益创投的服务机制；在治理和管理创新上，如从采用慈善信托到法人治理再到公司治理的转变。随着政治、经济、社会的不断发展，美国非营利组织的这种创新将会一直持续并不断加强。非营利组织的创新必将推动相关法律规制增强其适应力，且法律亦可通过具有前瞻性的规定促进非营利组织的创新，如商业化使得非营利组织的公与私的双重性质之间的交叉与融通问题得以扩大，不仅促进了相关公法和私法的改革，还将进一步促进相关公法和私法之间的衔接。社会企业的产生不仅改变了美国相关的法人制度，还改变了相关的治理、责任、问责机制等制度，甚至对传统的企业功能和价值的认知产生了影响。

第二节　法团主义视角下中国社会组织的发展

一、法团主义的产生、发展与变迁

法团主义理论源远流长,其思想渊源可以追溯到《圣经》、古希腊与古罗马的传统,并融入了欧洲天主教义、民族主义与社会有机体理论。天主教义主张基督的爱与公平促进社会统一,而民族主义与社会有机体理论指出社会是一个整体,社会中的个体与个体形成的组织都是社会中的一部分,部分属于并服从于整体,社会成员通过分工协作为社会作贡献。这些思想催生出现代法团主义的思想核心:国家与社会没有清晰的边界,它们是制度化的、常规化的、和谐的有机体。

近现代以来,随着自由主义与多元主义的兴起,法团主义理论受到挑战,欧洲中世纪行会与天主教会日渐衰落,法团主义在曲折中发展。法团主义发源于近代欧洲斯堪的纳维亚地区的权威主义政体并经历了五个阶段的繁荣:第一阶段是传统封建社会向近代资本主义社会大转型时期,转型引发了近代社会的总体性危机或普遍性的社会失范,混乱的社会呼唤法团主义的出现;第二阶段是19世纪末到20世纪初期,英美资本主义国家自由放任的经济政策受到挑战,工人通过组织化方式应对经济危机,自由放任主义逐渐让位于"集体主义",劳资组织与其他组织间的利益关系使得法团主义再次兴起;第三阶段是20世纪二三十年代,"二战"后,德、意等老牌资本主义国家意识到自己的地位已经被美国取代,开始努力复兴经济,同时东亚的新兴工业化国家与后殖民国家也在极力避免在现代化进程中被边缘化,于是法团主义模式成为一种合理的选择。第四阶段是20世纪70年代,西方国家集体陷入"滞胀",为度过经济危机,西方国家开始注重社会公众及其代表团体的利益诉求,并将其反映到政策中。第五阶段是20世纪八九十年代,东欧社会主义国家经历社会转型,法团主义成为处理国家与日渐独立的劳资群体关系问题的较好选择。

在近现代的发展与波折中,为了应对自由主义的对立与工业社会的变化,法团主义的内部也发生了变迁。它部分吸收了自由主义的思想要素,提出了与工业化时代相适应的新主张,欧洲的福利国家体制、法团化的工会组织都承接了法团主义的主旨。但是由于"二战"时期法团主义与纳粹政权联系在一起,总是让人联想到独裁政权,人们对于法团主义一直以来都存在批评和质疑。

二、法团主义的内涵

法团主义,又称社团主义、合作主义、统合主义,是当代西方政治思潮的主要流派之一。1974年,西方学者斯密特(Schmitter)对法团主义的概念作出了经典阐述:"法团主义可以被界定为一个利益代表的系统,在此系统中,构成单位被组织成一些单一的、义务性的、非竞争性的、层次有序的、功能有别的有限团体,这些团体被国家认可并赋予在其同行中的垄断代表权,以此为交换,国家对其领导人选择、需要和支持的表达实行一定程度的控制"。

斯密特指出,与具有多元主义色彩的社团组织及其与国家关系的情形有别,法团主义具有如下六大特征:①在某一社会类别中社团组织的数量有限;②社团组织形成非竞争性的格局;③社团一般以等级方式组织起来;④社团机构具有功能分化的特征;⑤社团要么由国家直接组建,要么获得国家认可而具有代表地位的垄断性;⑥国家在利益表达、领袖选择、组织支持等方面对这些社团组织行使一定的控制。

著名的法团主义者威亚尔达(Howard Wiarda)认为法团主义有三个特征:一个强势的主导国家;对利益群体自由与行动的限制;吸纳利益群体作为国家系统的一部分,让它们呈现成员的利益,帮助国家管理和开展相关政策。尽管法团主义有不同的派别,但这个定义基本道出了法团主义的核心特征,就是要把利益群体整合进国家,受到国家的控制和约束(陈家建,2010)。

尽管法团主义看似在为政府专制披上合法外衣,但是如果政府能够自觉自控,掌握统一与自由的"松紧度",顺应社会发展调整政策方针,法团主义能够指导像我国这样处于转型期的国家,通过对于社会组织的控制与赋权的不断调适,确保实现社会稳定和现代化发展的目标,不失为一种较好的选择。虽然法团主义认为社会组织要在国家的控制之下发展,但是它突破了国家与社会的二元结构，主张国家与社会组织之间的合作。尽管这种合作是在国家控制与指导之下的合作，但是社会组织并没有丧失其发展的独立性与自主性。社会组织代表公民利益，可以通过与国家的合作，参与到政策的制定与执行当中，向国家表达自己的利益诉求，从而使两者融合成社会良好运行的中介。

三、中国社会的法团主义

在改革开放以前，为了保护胜利的果实并促进社会平稳发展，我国选择使用公共权力改造并全面改造社会的体系，使用主观性较强的行政配置方式取代以供求关系为核心的市场机制。与之相对应的是单位制的社会结构体系，将社会分割成碎片化的结构，单位之间的纵向网络是人们解决诉求与取得资源的唯一渠道，不存在社会组织发展的空间。改革开放以后，我国实行计划经济与市场经济相融合的经济体制，促进了共同体福利水平的提高与个人生产力的解放，加上政府对于民间组织发展的默许，社会组织得到了长足的发展。但是由于转型期的思想混乱与制度缺位，社会组织的发展过程十分曲折，社会组织力求脱离政府的管制，但多元社会力量的角逐对于社会的发展与共同体的秩序形成了威胁。在这种背景下，法团主义范式悄然兴起。法团主义者认为，中国的市民社会正在兴起，不是简单走向了多元主义的道路，而是出现了新的权力结构。在原有体制的惯性下，社会原子正在以一种新的方式组织到国家体系中去，在宏观结构上呈现出多边合作、角色混合及相互依赖的发展形态。法团主义主张政府与社会组织之间的互惠合作，既不否定社会组织发展的独立性与自主性，也不否定国家对于社会组织的控制与指导，为中国社会组织发展提供了可行的路径。

法团主义与中国社会具有多方面的契合性。

首先，法团主义与中国传统思想文化相契合。正如费孝通先生所言，中国社会所呈现的"差序格局"不难从儒家文化中探寻。儒家讲求人伦，"伦也，水文相次有伦理也"，在差序格局中，个人关系像水波纹一般，以"己"为中心向外圈越推越远、越推越薄。中国传统社会的地方自治性很强，依靠血缘、亲缘与地缘形成的法团组织在中国社会一直有所延续，人们以自己为中心形成半径，缩在与自己有紧密联系的人的狭小圈子中，进而影响到如今社会组织的"内缩性"特征。此外,"和也者,天下之达道也",儒家思想中所倡导的"和"意为协调矛盾与差异,使之和谐统一,这也与法团主义主张的合作精神不谋而合;中国传统文化中的仁爱思想,从"仁者爱人"到"仁民爱物",更是与法团主义的思想根源之一——天主教义中爱与正义的主张相一致。

其次,法团主义与现代中国和谐社会理念相一致。党的十六届四中全会提出构建和谐社会的任务。和谐社会理念遵循了上述传统的以"和"为贵的思想,强调国家与社会的互动关系,力求在国家与社会的互动与紧张中寻求共同发展的和谐道路,这与法团主义的思想内涵正相符合。

再次,我国单位制这种高度一体化的体制为政府转型刻上深深的"烙印",一些脱胎于单位的社会组织无法在短时间内从政府中完全抽离,与政府联系密切。政府组织不愿意放弃对社会组织的监督与管理,社会组织也依赖政府的帮助与监管,我国政府与社会组织的关系透露出较强的法团主义色彩。

最后,我国正处于社会转型时期,新兴的社会力量开始活跃在大众视野中,由于体制与资源限制,它们的发展依然无法跳脱出政府的控制范围,进而选择与政府进行合作,实现组织使命。

四、法团主义视角下我国社会组织未来发展趋势

(一) 我国社会组织的发育

与美国成熟的非营利组织不同,目前我国社会组织存在的最大问题,是缺乏一个自由发展的阶段,所以我国社会组织在未来发展的过程中,组织的发育问题是一个关键问题。在法团主义制度框架下,目前我国政府也有意提出,要培育社会组织,有条件地扶持某些领域的社会组织,并与一部分社会组织形成合作关系。

具体来说,我国社会组织的发育包括三个方面:一是政府培育社会组织,如基层自治组织、城市社区组织等,使之承担政府转移出去的某些职能;二是政府扶持一些社会组织,实际上就是为了便利行事而让一些社会组织成为政府的代言人;三是政府通过购买服务等形式与一些草根性、民间性非常强

第八章 社会组织未来向何而去

的社会组织形成一种利益互补、行为合作的关系。

1. 培育

随着改革开放步伐的推进，我国由计划经济体制转向市场经济体制，尽管起初改革并未指向社会组织的发展，但原有的国有制单位包括行政单位发生了较大的变化，过去那种单位对于国家和上级组织的全面依赖以及个人对于单位的全面依赖随之发生了动摇，这为社会组织的发展提供了空间和契机。

1984年10月，中共中央十二届三中全会作出《中共中央关于经济体制改革的决定》，明确提出实行政企职责分开。这意味着打破原先社会政治组织与经济组织一体化的模式，但并不意味着就是一刀将国家与企业分开这么简单。脱胎于原先单位制的某些企业并不单纯地发挥着经济职能，同时还承担着诸如单位人员的医疗、养老、计生、调解等大量的社会管理与服务职能，想要建立单纯行使经济职能的企业组织，就要将原有的社会职能从其中剥离出去，此时社会组织就肩负起了承担这些具体社会事务的责任。

改革开放以后，我国实行了多次行政体制改革。2008年我国开始了第六次行政体制改革，这次改革以转变政府职能为核心，努力构建"小政府、大社会"的格局，将政府的一些事务性、服务型、中介性职能转移出去，而社会组织涵盖人们社会生活的各个领域，是一种适合承接政府转移职能的载体，可以说，行政管理体制改革的顺利推进有赖于社会组织的建设。于是在政府简政放权的过程中，政府推动完善了基层群众性自治组织，建立了一批城市社区组织和公益慈善组织，培育了一批经济中介组织（如行业协会），这些组织往往遵循着"自上而下"的生长发育方式，其各种组织资源均来自党和政府机构权力控制下的垄断领域，它们承担政府转移的职能，提供社会服务，仍然表现出与政府较强的隶属关系。这一类社会组织被称为内生型社会组织，它们与政府的行政体制有着天然的联系，政府也是通过将它们纳入行政体制来承担对其支持和培育的责任，这种培育形式也被称为行政式培育（张海，2015）。

2020年12月7日，民政部办公厅印发《培育发展社区社会组织专项行动方案（2021—2023年）》，明确社区社会组织培育发展导向，促进社区社会组织高质量发展。根据方案解读，社区社会组织是连接基层党委政府与社区居民的重要纽带，是社区公益慈善与公益服务的重要主体，致力于解决社区妇女、儿童与老人等群体的各种民生问题，与民政部门民生保障、基层社会治理、基本社会服务职能息息相关。政府对于社区社会组织的这种培育就是培育其落实民政工作，做好基层治理，使之成为党和政府联系群众的桥梁纽带。

2. 扶持

目前我国政府在尝试建设一些枢纽型社会组织上，呈现出一种自上而下的扶持特征。在我国社会组织生长发育的过程中，枢纽型的社会组织是我国在社会转型过程当中的一种过渡状态，当社会组织发育成熟时，枢纽型社会组织也就完成了其任务使命。

枢纽型社会组织概念首次出现在2008年9月北京市社会工作委员会出台的《关于加快推进社会组织改革与发展的意见》中。北京市《关于构建市级"枢纽型"社会组织工作体系的暂行办法》中指出：枢纽型社会组织是由负责社会建设的有关部门认定，在对同类别、同性质、同领域社会组织的发展、服务、管理工作中，在政治上发挥桥梁纽带作用，在业务上处于龙头地位，在管理上承担业务主管职能的联合性社会组织。

2009年，北京市认定第一批10家市级枢纽型社会组织，包括市总工会、团市委、市妇联等，此后又认定了市工商联、市志愿者联合会、市律师协会、市人民对外友好协会、市民间组织国际交流协会等17家枢纽型社会组织，共联系和管理各级各类社会组织2.6万多家，比认定之前增长了五倍多。除了在政治上发挥桥梁纽带作用以及业务上发挥引领聚合作用外，枢纽型社会组织还在日常服务管理上发挥了重要平台作用，促进了社会治理体系协调发展。与此同时，区（县）、街道（乡镇）级枢纽型社会组织体系构建工作也同步进行，市、区（县）、街道（乡镇）三级枢纽型社会组织网络初步形成。

按照斯密特的划分，根据发展阶段与特点不同，法团主义可以分为"社会法团主义"和"国家法团主义"。社会法团主义是一种自下而上的组织形式，社会组织通过自由竞争而获得特殊地位以建立与政府的联系；国家法团主义则是通过国家自上而下的干预，赋予一些社会组织以合法地位，国家处于主导地位。在目前我国的转型过程中，国家与社会关系更倾向于国家法团主义视角下的发展模式，国家对枢纽型社会组织的扶持更加体现了这一点。

第八章 社会组织未来向何而去

建立枢纽型社会组织是破除我国社会组织"双重管理组织"的一种尝试。与传统的双重管理体制不同，枢纽型社会组织尝试实行单一部门管理的特点，只需要登记管理机关对组织进行审批注册，业务主管部门不再对其具体业务进行管理，由枢纽型社会组织逐渐代替业务主管部门进行本领域社会组织的管理。政府通过枢纽型社会组织将领域内各个社会组织网罗起来，集中提供社会服务。

北京市首创的枢纽型社会组织是在国家认可、政府主导的过程中建立的。国家没有直接控制社会组织，而是通过政府文件规范社会组织，通过枢纽型社会组织转移政府的职能，传达政府的意志。从某种角度上来说，枢纽型社会组织是对原有业务主管部门的代替；政府规定一个领域只能存在一个枢纽型社会组织；政府通过政府购买、行政控制、党建工作联系枢纽型社会组织，这些都呈现出国家法团主义的特征。

在法团主义模式下，北京市等地建立枢纽型社会组织的尝试、国家对于枢纽型社会组织的扶持与支持，是未来破除我国社会组织"官民二重性"，提高社会组织独立性，建立国家与社会良好关系的有益路径。

3. 合作

在前面我们提到法团主义的概念，法团主义是一种关于社会结构的理性模型，描述的是国家与社会不同部分的体制化关系，其核心是将社会利益组织有效集中，通过协作、传输将其纳入到国家决策体系中。国家在指导与控制社会组织的前提之下，采取与社会组织合作的方式，达到双赢的目的，从而实现与社会关系的良好互动。法团主义倡导国家与垄断性的社会组织之间建立一种合作关系。

政府与社会组织的协作关系体现在三个方面：一是政治合作，即政府允许社会组织进入公共决策当中；二是权力下放，即国家将部分权利让渡给社会组织；三是利益互惠，即由国家与社会组织通过达成合作关系，共同承担提供社会服务的责任。

政府购买社会组织服务这种合作形式于1995年开始在我国出现并发展，为政府与社会组织的合作提供了思路。《政府购买服务管理办法》第二条指出："本办法所称政府购买服务，是指各级国家机关将属于自身职责范围且适合通过市场化方式提供的服务事项，按照政府采购方式和程序，交由符合条件的服务供应商承担，并根据服务数量和质量等因素向其支付费用的行为。"

为了顺应国家实行"政社分开"的要求，在政府购买模式发展的开始阶段，采取的是一种定向购买的形式，政府购买合作的对象仍然是那些与政府有着密切联系、为了满足政府公共服务职能而成立的所谓内生型社会组织，这属于"依赖关系非竞争购买模式"。尽管这种购买在形式上体现了政府和社会组织的相对分离与独立，但是实质上政府变相控制与影响了社会组织的发展，这些组织仍然无法摆脱对政府的资源依赖。

党的十八届三中全会上作出的《中共中央关于全面深化改革若干重大问题的决定》提出："要推广政府购买服务，凡属事务性管理服务，原则上都要引入竞争机制，通过合同、委托等方式向社会购买。"随着政府转型进一步深化，以及社会上不断涌现出一些草根性、民间性十分强的社会组织（如云南德宏二坤妇女禁毒联防队等），这些组织更多地遵循自下而上发起、扎根基层社区的特点，初始的政府定向保障式的购买模式逐渐凸显出其缺点，对于社会组织服务竞争式的、制度化的政府购买迅速发展。

目前，由于我国草根性的社会组织发展仍然不够成熟，如果政府采取完全竞争式的购买方式，会出现参与竞争的组织数量不够、服务质量不足等问题，因此大多数政府购买更倾向于采取"独立关系非竞争模式"，即社会组织不是为了政府部门的购买事项而成立，组织不面向市场竞争，由政府定向委托购买。未来，随着草根性组织数量的增加和服务质量的增强，将会不断地作出由"非竞争式"购买转向"竞争式"购买的尝试。

（二）社会组织的监管：从合法到合规

法团主义将我国社会组织的建立与运行纳入国家规制之下。目前，我国社会组织的准入门槛很高，是一种注册式的合法性管理。1998年实施的《社会团体登记管理条例》（以下简称《条例》）里诸项条款都严格规定了社会团体的成立申请条件、主管部门、活动范围等，例如《条例》第九条规定："申请成立社会团体，应当经其业务主管单位审查同意"；第十九条规定："社会团体不得设立地域性分支机构"等，就具有明显的法团主义特征。

我国社会组织的监管呈现出这样一种状态：我国政府对社会组织设立前的审查控制很严，但管理松弛，机构一旦完成登记注册，似乎就一劳永逸了

(时和兴，1996)。

而美国的非营利组织管理在多元主义思想"非限制性"与"自由竞争"理念的熏陶之下，更多地呈现出一种"宽进严出"的过程化管理模式。美国在联邦层面没有专门针对非营利组织的法律，而是通过美国国内税收法（IRC）和美国国内收入署（IRS）对非营利组织进行规范管理。在美国，并不是所有的非营利组织都具有免税资格，是否具有免税资格取决于组织的活动及其收入的类别。也就是说，非营利身份是获得免税资格的一个先决条件，任何非营利组织在成立后都不能自动获得免税资格，必须符合美国国内收入署的相关要求，并向其提出免税申请。

满足免税条件的组织在法律上被认可是非营利组织。美国税法第501条中有28个条款对各类组织免征所得税，凡是符合这些条款的就可定义为非营利组织。这些组织建立和运行必须是为了一个或多个免税目标，包括慈善、宗教、科学、教育、公共安全测验、文艺、促进业余体育竞赛、防止虐待儿童或动物八个目标。

我国这种过分监控入口的合法性管理并不利于社会组织的后续监管。从注册式合法性向备案式合规性转变应该成为我国社会组织监管体制改变的方向。同美国的过程化管理相似，我国应该将大部分社会组织统一按公司注册，定期进行免税申报，以证明其慈善性质，申报之后被免税的自动成为非营利性质的组织，避免一些组织以非营利方式获得审批继而从事营利行为。

(三) 多样化的组织交融

社会组织从事商业经营的跨界活动是组织在资源竞争日益激烈的情况下，寻求组织长足与蓬勃发展的一条出路。传统的社会组织过度依赖政府与社会捐赠，普遍呈现出效率低下、难以持续发展的特点，为了完成组织使命、实现组织目标，一些社会组织开始探寻新的发展模式。随着我国政企分开、政社分开，公益目标的实现越来越多地依靠市场手段实现，我国社会组织的市场手段选择也越来越贴近西方社会企业的核心。

社会企业起源于以美国为代表的西方国家，它是一种利用企业经营模式实现社会公益目标的组织，为以市场运作解决社会问题提供了全新的思路。王名、朱晓红（2009）指出，社会企业通常是在社会组织的边界不断扩大、社会与市场融合的领域生成，社会企业的创新形式是市场与社会的主动融合，是政府、企业和社会三大部门变革与合作的载体。

我国社会组织与企业组织的交融，也是社会与市场边界的交融，当然目前的市场经营形式还不能够等同于西方的社会企业。但是一些社会组织可以探索转变为社会企业，通过市场手段解决社会问题，从而实现社会组织的可持续发展，乃至消解效率与公平的冲突。

第三节　国际非营利组织的历史发展与未来展望

现代意义上的非营利组织是以资本主义的发展为基础的，主要表现为非营利组织的兴起受到功能性群体组织的崛起与宗教慈善事业发展的推动，而其发展又受到社会思潮及国际政治的深刻影响。非营利组织的发展日益呈现出国际化、多样化、跨界化的趋势。

一、功能性群体组织的崛起

资本主义的发展逐步打破了农业社会背景下地域血缘的连接纽带，跨种族跨身份，演变为根据人们的工作关系即资本主义生产关系组织起来，土地要素淡化，新型的社会组织诞生。这种资本主义的发展催生功能性群体组织的崛起可以在英国的资本主义发展过程中得到印证。15世纪，西方资本主义兴起，而后迅速发展，在工业与农业部门中占据主导地位，新工业迅速发展，旧工业不断精细，毛纺织业的发展使农村出现了很多手工工场。在英国，随之而起的圈地运动使得大量农民失去土地，被迫成为雇佣劳动者，服务于农场主与农业资本家，农民逐渐脱离土地，资本主义生产关系初见端倪。工会组织的产生源于工业革命，当时越来越多的农民离开赖以为生的农业涌入城市，为城市的工厂雇主打工，但工资低廉且工作环境极为恶劣，在这种环境下，单个的被雇佣者无力对付强有力的雇主，诱发了工潮的产生，从而诞生了工会组织。这种新型社会组织的最初形式为工人群体，工人群体在组织与发展中不断形成群体化的意识，这种意识逐渐发展甚至跨越了国界，这是在过去的农业社会无法想象的。

二、宗教慈善事业的推动

宗教慈善事业的发展同样对非营利组织的兴起起到不可忽视的作用。国际非营利组织的前身大部分都是具有宗教性质的社会救济组织,早期慈善思想与活动总是围绕于宗教教义,西方扶弱济贫的传统主要源于基督教之《圣经》的指导,佛教三大"布施"之中就包含"财施",伊斯兰教之中也有施舍、天课和瓦克夫等概念(银培萩,2020)。宗教被认为是慈善背后的重要推动力。

英国在亨利八世统治期间颁布了《亨利济贫法》(1536 年),明确了政府对穷人救济的责任。它是英国历史上第一部为了扶贫而征税的立法,授予警察以强行征税的权力。1601 年,英国制定了世界上第一部慈善法。此时英国正处于封建社会向资本主义社会过渡的阶段,封建社会建构趋于瓦解,但仍未完全建立近代资本主义生产方式上的社会结构;长达一个多世纪的瘟疫与频发的自然灾害,造成贫困、失业、流浪等严重的社会问题,社会矛盾异常尖锐。为了缓和社会矛盾,受英国社会由来已久的慈善传统的影响,部分富裕起来的中产阶级兴办了大量的慈善组织,这些组织的涌现呼唤国家立法规范慈善行为。1601 年,英国颁布了《慈善用途法》,第一次在法律中明确了慈善事业的主要范围。英国 1799 年颁布了《结社法》,是托利党为了压制日益高涨的激进政治运动的手段,此后包括工会在内的所有工人组织均被取缔。直到 1824 年,《结社法》被废除,同时被废止的还有自爱德华一世以来的所有结社法律。《结社法》的废除,使工人获得了结社和罢工的权利,全国出现了组建工会和罢工的热潮。工会的活跃活动引起政府的警觉,政府很快在 1825 年又制定了一个新的《结社法》,这部法律没有 1799 年《结社法》严厉,比如允许工会为了增加工资而罢工,但工会不可以采取"胁迫"和"堵塞"等行为。因此,在 1825 年后,工会活动依然受到政府的限制,但工会已经成为一个合法组织。

红十字国际委员会的创始人亨利·杜南(Henry Dunant)于 1828 年 5 月 8 日出生于瑞士日内瓦,是一位议员的儿子。他从小受人道主义思想的熏陶,十分关心老弱病残和社会底层的穷苦人。他的家人都是非常虔诚的基督教徒,这对他有重大影响。杜南成年后亦信奉基督教,他 18 岁时加入了日内瓦

◇ 社会组织管理 ◇

的社会慈善机构。自1863年成立以来，红十字国际委员会的唯一目标是为武装冲突的受害者提供保护及援助。1864年8月，红十字国际委员会说服各国政府通过了第一部《日内瓦公约》。该条约要求军队照顾受伤的士兵，无论他们站在哪一边，并为医疗服务引入统一的标志——白色背景上的红叉。红十字国际委员会的主要作用是协调作用。但是，随着交战方之间中立调解的需求日益明显，它逐渐参与了现场操作。在随后的50年中，红十字国际委员会扩大了工作范围，同时建立了国家红十字会（1863年11月在德国符腾堡州成立了红十字会），并且对《日内瓦公约》进行了修改，以包括海上战争。第一次世界大战（以下简称"一战"）后，许多国家的红十字会认为，随着和平的来临和建立新世界秩序的希望，红十字会的作用必须改变。1919年，他们成立了红十字会联盟，旨在作为该运动的未来协调和支持机构。但是1920年代和1930年代的冲突强调了中立调解者的必要性，红十字国际委员会仍然很活跃，越来越多地在欧洲（埃塞俄比亚、南美、远东）之外活动。"二战"期间，该组织试图努力协助和保护各方受害者，因此活动范围大大扩大。红十字国际委员会与联盟共同努力，向全球运送救援物资，既运送战俘，又运送平民。红十字国际委员会的代表访问了世界各地的战俘，并帮助家庭成员之间交换了数以百万计的红十字通信。战后多年，红十字国际委员会处理了有关失踪亲人的新闻请求。自1945年以来，红十字国际委员会继续敦促各国政府加强国际人道法，并予以尊重。1949年，在红十字国际委员会的倡议下，各州同意修订现有的三项《日内瓦公约》（涵盖战场上的伤者和病人、海上战争的受难者及战俘），并增加了第四项——保护生活在战乱中的平民不受敌人控制。这些公约规定了红十字国际委员会在武装冲突中的主要任务。

乐施会是一个具有国际影响力的发展和救援组织的联盟，它由13个独立运作的乐施会成员组成，其成立目的是在"二战"中运送粮食到被纳粹德国占领的希腊。乐施会是跨越种族、性别、宗教和政治界限，与政府部门、社会各界及贫穷人群合作，一起努力解决贫穷问题，并让贫穷人群得到尊重和关怀的组织。"助人自助，对抗贫穷"是乐施会的宗旨和目标。乐施会的理念是：每个人都有权得到尊重与关怀，享有食物、居所、就业机会、教育及医疗卫生等基本权利，在持续发展中建设一个公平的世界。在国际事务层面上，乐施会也与包括中国在内的发展中国家紧密合作。以世界贸易组织农业补贴

第八章 社会组织未来向何而去

谈判为例,乐施会与中国农业部和商务部紧密沟通合作,共同反对欧美国家借大量农业补贴,向发展中国家倾销农产品,造成中国及发展中国家的弱小农业和农民陷入困境以致破产。乐施会认为公正和合理的国际政治经济秩序以及和平稳定的国际环境,是确保扶贫和可持续发展的重要保障。乐施会积极推动政策研究,并游说各国政府及国际组织共同努力,以改革不公平的制度。

国际上非营利组织快速发展的重要节点是生产力的快速发展和人的交往能力的提升。工业革命推动铁路、轮船等交通工具的发展,缩短了世界各国之间的距离,国家间交往能力扩大,人与人之间交往空间扩大,使跨越国界的非营利组织形式成为可能。"二战"之前,资本主义生产力发展仍不够充分,表现在国际社会关于人类生存、发展的社会问题的讨论仍然是不广泛的。功能性群体组织经过"一战""二战"的发展,由此,国家间的政治、军事联盟得到加强,促进了民间组织之间的互动。"二战"之后,世界新秩序的建设过程,人们开始关注世界共同体,从各个民族国家角度考虑国际社会的普遍公益,联合国的成立可以认为是此过程中的代表性事件。联合国虽是偏政治性的组织,但并不影响此后许多关注全球公益的组织效仿联合国的运作方式,出现类似于附属联合国但又能独立运作的组织,如联合国儿童基金会等。

联合国儿童基金会成立于1946年12月11日,原名"联合国国际儿童紧急救助基金会",1953年改称"联合国儿童基金会",简称"儿童基金"或"儿基会",英文缩写为"UNICEF"。联合国儿童基金会成立之初是为了向"二战"中各国的受害儿童提供紧急救助。此时,它与各国政府的关系处于相对彼此独立的状态。1950年以后,联合国儿童基金会着力帮助解决发展中国家儿童的营养不良、疾病和教育等问题。之后,联合国儿童基金会的业务范围不断扩大,涉及儿童生存、发展和保护等领域,主要援助对象为发展中国家的儿童,援助的重点领域为儿童的保健、营养、教育、福利及妇女发展、安全饮用水等,努力解决导致儿童生活贫困的各种社会问题。为此,联合国儿童基金会做了大量工作,其教育活动涉及基础教育、女童教育、弱势儿童教育等领域,为促进世界儿童的教育发展作出了卓越贡献。在进行教育援助时,联合国儿童基金会工作的一个重要内容就是帮助政府进行课程改革,给予儿童科学思维的训练,为教师提供新的教学方法和教材,扩大了对非正规教育的援助，特别是对农村儿童和青少年的教育。联合国儿童基金会还参与联合国开发计划署国家计划的制定工作。我们可以看出，在联合国儿童基金会不断发展的过程中，它与各国政府的联系逐渐紧密，未来将朝着更加深化的合作关系发展。

三、社会运动的兴起

1908年，美国纽约国际妇女解放运动提出了要求妇女选举权和八小时工作制的口号。1910年以后，各国开展的纪念"三八"国际劳动妇女节的活动，给女权运动以有力的推动。1928年，英国在法律层面确定了妇女享有与男子平等的选举权。1945年，法国妇女取得与男子同样的选举权。"二战"后，相继出现了一些以争取和平为目的的国际性妇女组织，包含世界妇女组织，到1990年总数已达数十个。世界妇女组织旨在构筑世界女性联盟，促使世界各地在政治、经济等领域富有声望和影响力的女性领导人建立联系，激发女性开拓全球化市场的活力，进而提高女性在全球政治、经济和社会活动中的地位。

20世纪60—70年代在美国发生了一次以生态观为主旨的规模空前的群众性的环境保护运动。这次环保运动是美国历史上自然和资源保护运动的发展与继续，它的直接起因是人们对日趋严重的环境污染的不满和恐惧，同时它也有着更为广阔的社会背景。与"二战"前的资源保护运动相比，战后美国环保运动具有显著的特点，并且环保运动对美国的社会经济以及人们的环境意识和环保实践等诸多方面都产生了很大的影响。1971年成立的"不以举手表决委员会"在1979年更名为绿色和平组织。绿色和平组织是国际环境非政府组织，在全球环境治理中发挥着极其重要的作用。它通过向联合国、各国政府和环境组织提供有关环境问题的信息，向公众宣传环境污染的危害，加深国际社会对于特定环境问题的认识，并推进特定环境问题成为国际环境议题，进一步推动各国在特定环境议题上形成共同利益，使其最终被纳入国际环境治理机制。绿色和平组织关注到有毒废物出口问题时，便进行有组织地调查并将结果进行公开，同时其在世界各地的办事处与船运公司、有关政府相协调，跟踪追查国际有毒废物贸易的动因。同时，绿色和平组织及时提醒进口国，并出版简讯，提醒政府和国际组织注意有毒废物对于地球的影响。

联合国环境署在80年代中期协调组织了控制有毒废物贸易的谈判,并最终产生了《控制危险废料越境转移及其处置巴塞尔公约》。可以说,绿色和平组织凭借自己的努力使有毒废物出口的管制成为全球环境治理中的重要内容。绿色和平组织作为国际环境非政府组织的重要成员,是国际社会的第三种力量,在条约谈判陷入困境时,能够重新调整与会者的关注重点,推动谈判的进行和使国际环境机制继续向前发展。此外,绿色和平组织还以联合国观察员的身份参与了《里约宣言》及《21世纪议程》等重要文件的起草和咨询工作,并在关于环境问题的重要条约和协议签署中发挥了作用。

四、国家外交政策的工具

20世纪80年代以来,世界经济发生了深刻的变化。西方发达国家普遍面临宏观经济停滞不前、国内生产总值增长率持续下降、物价指数不断攀升、通货膨胀日益严重、失业人口急剧增加、社会矛盾与冲突不断加剧的严重挑战。面对重重的社会发展问题,政府部门常常表现得既政策滞后又执行不力,其所提供的服务被批评为"成本高""效率低"及"缺乏弹性"。由此,传统的管理模式受到严重质疑,社会对政府部门进行结构性变革的呼声也日渐高涨。适逢其时,"新公共管理"应运而生。新公共管理重视将"服务提供"(service delivery)承包给私营机构,倡导政府的角色逐渐由福利国家时期的"大有为"转向"小而美",原本由政府承担主要服务提供者的角色,逐渐转由非营利社会服务组织取代,因为非营利社会服务组织所提供的服务理论上具备"新公共管理"的特质,被普遍认为能较有效地回应服务对象的要求,较有效率。正是在这股"契约化社会服务"思潮的影响下,社会服务"私营化"的趋势盛行于欧美国家,成为福利服务输送的主流模式,非营利社会服务组织同时迎来了大发展的契机。政府与非营利组织的合作,促使结社革命的爆发,学界对相关领域的研究爆发式增长。与政府进行合作的非营利组织在得到政府的支持之后,在本组织原本的目标使命中附加了政府方面的宗旨和使命,而成为一些国家进行和平演变的工具。

东欧剧变实际上是主权国家作为推动者,借用带有政治化倾向的非营利组织完成的一次和平演变。美国对东欧的演变政策确立于艾森豪威尔总统执政的后期,1958年制定的国家安全委员会NSC5811/1文件(美国对东欧国家政策声明）标志着艾森豪威尔政府对东欧演变政策制定的全面完成。杜鲁门政府时期，专门制定了针对苏联的"遏制战略"和"真理运动"，制定了"新美国世纪计划"。1950年，中央情报局又设立了非政府组织性质的文化自由大会。在政治上，美国承认东欧各国政府的法律地位，直接与东欧国家建立正常的外交关系。同时，美国表明立场，将苏联与东欧区别看待，以此来分化两者。首先，在经济方面，加强与东欧各国经济贸易与往来，分化瓦解东欧的苏联式的经济模式。其次，在加强政治、经济交往基础上加强文化交流，在批评社会主义文化（以苏联文化模式为主）的同时，加强西方文化的宣传与渗透，达到在文化上同化东欧的目的。在美国新闻署和中央情报局牵头下，美国成立了一些带有半官方色彩的非政府组织及一些中情局的外围组织，如法菲尔德基金会、争取自由欧洲委员会、国际自由记者联合会、国际自由工会联合会、时代公司、国际笔会等非政府组织。随着时局的发展，东欧内部问题日益突出，特别是经济问题日益成为困扰东欧政权的梦魇。20世纪70年代以后，美国加强了与东欧国家政治经济和文化等诸方面的往来。在1989年之前，西方，特别是美国主要是给予"团结工会"这类反对派组织以道义上和物质上的支持。20世纪70年代末，波兰成立了团结工会组织，捷克斯洛伐克成立了第77宪章集团，保加利亚成立了支持工会，罗马尼亚成立了博爱工会，匈牙利成立了民主反对派、民主工会联盟，东德成立了剑与犁组织等。1984年成立了美国民主基金会。1987年，美国议会向波兰团结工会年提供津贴100万美元；1988年，提供500万美元作为其活动经费；1989年7月11日至1989年7月13日，布什访问波兰和匈牙利。美国对东欧国家实行"区别对待"政策，明确其对实施改革和抵制改革国家的立场。

五、发展展望

根据国际非营利组织的历史发展脉络可知，资本主义的发展、民族国家的崛起、更多平权个体的出现、社会运动和社会思潮的兴起、各国政府外交政策的工具的变化等一系列因素共同促进了目前国际非营利组织的发展。未来国际非营利组织的发展不仅会受到国际政治走向的影响，而且会呈现出更加明显的组织多样化以及全球化的趋势。

如本章开头案例提到故宫博物院、大英博物馆进行经营活动，非营利组织的"跨界经营"逐渐成为未来发展趋势。非营利组织的"跨界经营"是指由非营利机构从事经营活动，但不进行股权分配，所获收益进行慈善活动的发展形式。把家居产品卖向全世界、每年营业额近300亿欧元的宜家，实际是一个非营利机构。宜家集团的母公司是英氏控股集团（Inska Holding），即宜家为英氏控股集团所拥有。而英氏控股集团则完全属于非营利机构英氏—宜家慈善基金会（Stichting Ingka Foundation）。根据宜家提供的资料，该基金会的资金仅用作以下两种用途：对宜家集团进行再投资，或通过宜家基金会（Stichting IKEA Foundation）进行慈善捐款。

在政府支持不足、社会捐赠失灵、企业社会责任兴起等外部环境影响和拓宽资源渠道、增强组织独立性、实现健康可持续发展等内部需求的双重压力下，社会企业成为非营利组织的另一重要发展趋势，具体发展模式包括建立非营利组织的商业公司、建立商业公司的非营利组织以及市场化＋集团化运作。南关厢公益素食馆作为一家社会企业，由海宁市学习型企业家协会众筹投资建立。该协会吸纳了海宁市300多家中小企业，以"提高企业主自身管理素质，促进企业持续发展，体现企业社会价值"为宗旨。公益素食馆众筹入股设定，每1万元为1股，1股起投，5股封顶。入股的股东自愿承诺：永不分红（股东分红再裸捐），永不退股（原始股裸捐），利润全部用于公益。在海宁市学习型企业家协会的支持下，南关厢公益素食馆与海宁市慈善总会合作，以社会效益为主要目标，按照普通商业餐馆形式运作，每月在股东大会群公开财务账目，接受监督。公益素食馆遵循市场化运作，但目标不是获取利润，而是资助可持续的社会组织慈善项目，为社会贡献一份爱心。社会企业可以成为非营利组织发展的一种出路，但对于是否支持非营利组织社会企业化发展，这一发展模式是否有助于非营利组织实现其公共社会职能，学界仍在讨论。

主要参考文献

阿兰·兰德尔,1989.资源经济学[M].施以正,译.北京:商务印书馆.
毕素华,2014.法团主义与我国社会组织发展的理论探析[J].哲学研究(5):87-92.
曹爱军,2008.互动与合作:公共服务中 NGO 与政府的关系模式[J].经济研究导刊(11):173-174.
陈洪涛,王名,2009.社会组织在建设城市社区服务体系中的作用:基于居民参与型社区社会组织的视角[J].行政论坛,16(1):67-70.
陈家建,2010.法团主义与当代中国社会[J].社会学研究,25(2):30-43+243.
陈健民,丘海雄,1999.社团、社会资本与政经发展[J].社会学研究(4):66-76.
代涛,2005.论我国税收优惠法律制度的完善[D].上海:华东政法学院.
戴维·奥斯本,特德·盖布勒,1996.改革政府:企业家精神如何改革着公营部门[M].上海市政协编译组东方编译所,译.上海:上海译文出版社.
邓国胜,2001.非营利组织评估[M].北京:社会科学文献出版社.
邓正来,J.C.亚历山大,2002.国家与市民社会:一种社会理论的研究路径[M].北京:中央编译出版社.
董文琪,2007.非营利组织的合作营销研究[M].长沙:中南大学出版社.
高丙中,2000.社会团体的合法性问题[J].中国社会科学(2):100-109+207.
郭健,2009.社会捐赠及其税收激励研究[M].北京:经济科学出版社.
郭沫琪,2013.非营利组织税收优惠法律制度研究[D].太原:山西财经大学.
亨利·明茨伯格,2006.战略历程[M].魏江,译.北京:机械工业出版社.
侯俊东,杜兰英,李剑峰,2009.国外营销学界关于非营利组织营销的研究及启示[J].华东经济管理(2):132-136+157.
姜宋,2019.社会工作视域下社会组织志愿者管理研究[J].社会与公益(12):44-46.
康晓光,冯利,2015.2015 中国第三部门观察报告[M].北京:社会科学文献出版社.
李宝梁,2001.从超经济强制到关系性合意:对私营企业主政治参与过程的一种分析[J].社会学研究(1):63-75.
李汉林,李路路,王奋宇,1995.中国单位现象研究资料集[M].北京:中央文献出版社.
李路路,王奋宇,1992.当代中国现代化经常中的社会结构及其变革[M].杭州:浙江人民出版社.

林尚立,2000.当代中国政治形态研究[M].天津:天津人民出版社.

刘建军,2000.单位中国[M].天津:天津人民出版社.

刘镇强,1999.关于社会主义市场经济体制下社团制度的思考[J].社会科学(4):59 - 63.

卢梭,1982.社会契约论[M].何兆武,译.北京:商务印书馆.

陆学艺,2002.当代中国社会阶层研究报告[M].北京:中国社会科学出版社.

路风,1989.单位:一种特殊的社会组织形式[J].中国社会科学(1):71 - 88.

迈克尔·莱斯诺夫,2005.社会契约论[M].刘训练,李丽红,张红梅,等,译.南京:江苏人民出版社.

迈克尔·波特,2005.竞争战略[M].陈小悦,译.北京:华夏出版社.

倪艳,2007.公司社会捐赠的法律制度研究[D].长沙:湖南大学.

秦晖,1999.政府与企业以外的现代化[M].杭州:浙江人民出版社.

曲顺兰,2005.非营利组织税收问题研究[J].山东经济(3):81 - 86.

施昌奎,2009.转型期慈善事业运营管理模式[M].北京:中国经济出版社.

时和兴,1996.关系、限度、制度:政治发展过程中的国家与社会[M].北京:北京大学出版社.

宋云云,2015.我国非营利组织所得税优惠法律制度研究[D].合肥:安徽大学.

孙立平,王汉生,王思斌,等,1994.改革以来中国社会结构的变迁[J].中国社会科学(2):47 - 62.

小阿瑟·A.汤普森,玛格丽特·A.彼得拉夫,约翰·E.甘布尔,等,2019.战略管理概念与案例[M].于晓宇,王家宝,等,译.北京:机械工业出版社.

王川兰,2002.论团体意识的形成及其对政治参与的影响[J].政治学研究(1):75 - 81.

王栋,2018.基层群众网络社群自治:现状、困境与突破[J].电子政务(12):54 - 66.

王名,2009.英国非营利组织[M].北京:社会科学文献出版社.

王名,李勇,黄浩明,2006.德国非营利组织[M].北京:清华大学出版社.

王名,李勇,黄浩明,2020.美国非营利组织的发展历史[J].大社会(01):22 - 25.

王名,刘求实,2007.中国非政府组织发展的制度分析[J].中国非营利评论,1(1):92 - 145.

王名,朱晓红,2009.社会组织发展与社会创新[J].经济社会体制比较(4):121 - 127.

王颖,折晓叶,孙炳耀,1993.社会中间层:改革与中国的社团组织[M].北京:中国发展出版社.

◇ 社会组织管理 ◇

王喆,王小兵,2006.浅析非营利组织税法适用现状[J].市场周刊(11):146-147.

吴春,2005.非营利组织伦理道德浅谈[J].工会论坛(山东省工会管理干部学院学报)(6):74-75.

夏建中,张菊枝,2012.我国城市社区社会组织的主要类型与特点[J].城市观察(2):25-35.

银培萩,2020.从"宗教转向""世俗转向"到"圣俗协调":试论西方慈善伦理演变中的"宗教基因"[J].宗教与美国社会(1):13-37+367.

于晓虹,李姿姿,2001.当代中国社团官民二重性的制度分析:以北京市海淀区个私协为个案[J].开放时代(9):90-96.

余娟,2002.非营利组织的营销:一个崭新的营销观念[J].科学·经济·社会(2):43-46.

张海,2015.我国社会组织培育模式的历史演变及发展趋势[J].湖北社会科学(10):52-60.

张守文,2000.论税法上的"可税性"[J].法学家(5):12.

张文山,2015.我国慈善组织法律问题研究[D].南宁:广西大学.

张玉利,2004.管理学[M].2版.天津:南开大学出版社.

赵青航,2012.论可税性与民办非企业单位的税收优惠[J].社团管理研究(10):44-47.

中国青少年发展基金会,2000.处于十字路口的中国社团[M].天津:天津人民出版社.

BITTKER B I,RAHDERT G K,1976. The exemption of nonprofit organizations from the federal income taxation[J]. Yale Law Journal,85(3):299-358.

BOZEMAN B,STRAUSSMAN J D,1990. Public management strategics[M]. San Francisco:Jossey-Bass Publishers.

NUTT P C,BACKOFF R W,1992. Strategic management of public and third sector organization:A handbook for leaders[M]. San Francisco:Jossey-Bass.

SCHMITTER P C,1974. Still the century of corporatism[J]. Review of Politics(1):2-8+103-104.

SHUE V,1988. The reach of the state:Sketches of Chinese body politic[M]. Stanford:Stanford University Press.

TUCKMAN H P,1998. Competition,commercialization,and the evolution of nonprofit organizational structures[J]. Journal of Policy Analysis and Management,17(2):175-194.

WALDER A G, 1988. Communist neo-traditionalism: Work and authority in Chinese industry[M]. Oakland: University of California Press.

WHITE G, 1993. Prospects civil society in China: A case study of Xiaoshan city[J]. Australian Journal of Chinese Affairs(29): 63-87.

后　记

"社会组织管理"是公共管理专业的核心课程之一。本书是我们对非营利组织管理有关原理体系和内容进行探索研究并进行本土化之后的初步成果。本书在习近平新时代中国特色社会主义思想的指导下，探索具有中国特色的社会组织管理的独特性，系统梳理了社会组织的产生与现状、性质与职能以及管理环节与过程，提出社会组织未来发展的可能性。在每章的编写中，本书注重贴近生活实际，灵活结合数字资源，体现形式与内容的统一。

本书在编写过程中广泛听取了高校从事非营利组织管理课程教学的老师及其学生的意见和建议。在本书酝酿和写作过程中，得到了中国地质大学（武汉）研究生精品教材建设项目的支持，中国地质大学出版社对于本书的出版创造了便利，谨在此一并表示诚挚感谢。这里，我还要感谢本书的两位副主编王忠与肖华蓉的辛勤工作，感谢张玉洁编辑的认真审读与修改。参加本书写作、修改的还有我的学生，他们是王冰洁、张贺、王欣雨、李文伟、岳瑾、田春廷和许锋溢，感谢他们的工作。

作　者
2021 年 12 月